ANTONIA KÖGL &
BENEDIKT STEINLE
DANI TERBU &
BARBARA HAIDER

MORGEN STUND

VOM HOF AUF DEN FRÜHSTÜCKSTISCH

ANTONIA KÖGL &
BENEDIKT STEINLE

DANI TERBU &
BARBARA HAIDER

MORGENSTUND

VOM HOF AUF DEN
FRÜHSTÜCKSTISCH

pichler verlag

VORWORT

Wochenende. Man sitzt mit guten Freunden zusammen und kann sich Zeit nehmen für anregende Gespräche und selbst gemachte Frühstücksspeisen. Im besten Fall mit Produkten, die man selbst am Markt eingekauft oder zumindest mit Liebe beim Lebensmittelhändler des Vertrauens ausgewählt hat. Die Stimmung ist gut, man vergisst die Zeit und lehnt sich zufrieden mit einer Tasse Kaffee oder Tee zurück.

Weil das unsere Idealvorstellung von einem perfekten Wochenendtag ist und wir die wichtigste Mahlzeit des Tages lieben, haben wir uns zusammengetan, um unsere besten Frühstücks- bzw. Brunchrezepte in einem Buch zu vereinen. Herausgekommen ist ein inspirierendes Frühstücksbuch, das Lust auf die „Morgenstund" macht!
Da die Lebensmittelqualität für uns vier besonders wichtig ist, war von Anfang an klar: Die Produzenten der Lebensmittel, die in den Rezepten verwendet werden, müssen eine zentrale Rolle spielen. Daher haben wir uns auf eine spannende Reise gemacht und elf Produzenten besucht, um sie um ihre besten Tipps für ein perfektes Frühstück zu bitten.
So nennt uns der neue Shootingstar am Bäckerhimmel, Georg Öfferl, seine wichtigsten Insights für den perfekten Sauerteig, Christian Wall vom Schwarzbergerhof gibt Einblicke in seine Bio-Philosophie, Isabella Übertsberger erzählt uns, warum Heublumen für Kühe gut sind, und Tristan Toé erklärt, was sein Obst auszeichnet und warum Saisonalität ein wichtiger Faktor ist.
Für einen schnellen Überblick haben wir das Buch in die wichtigsten „Frühstücks-Hauptzutaten" gegliedert: So findet man schnell die Rezepte, die dem persönlichen Geschmack entsprechen und die man sich und seinen Gästen am liebsten auftischt.
Bei all unserer Euphorie für Bio-Zutaten, Regionalität & Saisonalität – ab und an muss es trotzdem eine Avocado oder Mango sein. Wir bitten, uns diese Schwäche nachzusehen.

Barbara Dani

Toni Bene

Bild: Arnold Pöschl

Die Leidenschaft für großartige Lebensmittel verbindet uns vier. Dass wir die Produzenten, deren Lebensmittel wir in den Rezepten verarbeitet haben, persönlich besuchen, war ein großer Wunsch, den wir uns mit unserer Morgenstund-Reise erfüllt haben.

MORGEN STUND!

Wir haben Brot gebacken, Kühe auf der Wiese beobachtet, Mangalitzaschweine gestreichelt, mit dem Hahn gekräht und Eier, die von glücklichen Hühnern mitten ins Feld gelegt wurden, bewundert. Wir sind dem Regen entgegen gefahren und im Waldviertler Paradies gelandet. Wir haben japanisches Sikawild in Österreich getroffen und viel über Ethik in der Tierhaltung diskutiert. Wir haben besten Käse gekostet und Wasserbüffeln ins Auge geblickt.

Wir wurden von unseren Produzenten inspiriert und dafür sind wir dankbar – wir hoffen, dass wir diese Inspiration über unsere Rezepte an euch weitergeben können. Viel Spaß und eine schöne Morgenstund!

INHALT

SCHWARZ
BERGERHOF
HOFLADEN

On Tour

BROT & GEBÄCK

Brot entwickelt sich langsam vom preisgünstigen Wegwerfprodukt zurück zum handgemachten Qualitätsprodukt. Viele Konsumenten verlangen nicht nur Bio-Zutaten, sondern auch wieder mehr Geschmack und Haltbarkeit.

Dazu beigetragen haben auch einige mutige Bäcker, die sich wieder auf das traditionelle Brothandwerk besonnen haben und hochwertige, gesunde Brotspezialitäten herstellen. Einer davon ist Georg Öfferl, der vor einigen Monaten die Bäckerei seiner Mutter auf einen reinen Bio-Betrieb umgestellt hat und mit seinen Brotfinessen – ein kleines, feines Sortiment von sechs Brotsorten aus verschiedenem Urgetreide und Kleingebäck – vom Weinviertel aus die Brotwelt erobert.
Emulgatoren, Enzyme oder Backhilfsmittel sind in der Bäckerei Öfferl tabu, die Zutaten werden bei Produzenten aus der Region eingekauft und dem Brot wird die Zeit gegeben, die es für die Entwicklung seines feinen Geschmacks und lange Haltbarkeit benötigt. Das euphorische Kundenfeedback zeigt, dass Georg Öfferl auf jeden Fall den richtigen Weg eingeschlagen hat. Ein Kurswechsel war auch dringend notwendig, um sich gegen die Backindustrie behaupten zu können und den Familienbetrieb am Leben zu erhalten.

BACKEN WIE EIN PROFI

Da die Handwerksbäcker trotzdem immer weniger werden, wird auch wieder mehr zu Hause gebacken. Im Trend liegen derzeit sogenannte No-Knead-Brote, die ohne den Teig zu kneten ihr Klebegerüst ausbilden und meist in einem Topf gebacken werden. Georg empfiehlt für Hobbybäcker auch einen Backstein, der vor dem Backen kräftig aufgeheizt werden soll. Die Grundregel lautet hier: pro Millimeter Steindicke eine Minute Aufheizphase bei 250 °C.

Backeinsteigern rät Georg, mit einfacheren Brotsorten zu beginnen, z. B. ein Roggenmischbrot oder Brioche zu backen. Diese Sorten gelingen im-

» Als Bäcker zu überleben, ist eine Kunst. «

GEORG ÖFFERL

mer, und wenn man beim Backen mehr Routine hat, kann man sich an kompliziertere Rezepte wagen.

Der Teig gelingt besonders gut, wenn alle Zutaten Zimmertemperatur haben. Damit er beim Aufgehen nicht austrocknet, am besten mit Mehl bestäuben und mit einem Küchentuch abdecken. Sauer- und Germteig vertragen keine Zugluft, daher immer an einem warmen Ort gehen lassen. Und um eine glänzende Brotrinde zu erhalten, sollte das Brot kurz vor Backende mit etwas Wasser eingestrichen werden.

»Beim Brot spielen die inneren Werte eine große Rolle.«

BROT LAGERN

Damit man so lange wie möglich etwas von seinem Brot hat, sollte man dieses am besten auf der Schnittfläche lagern, so bleibt auch die Kruste erhalten. Auch das Bedecken mit einem Leinentuch oder die Lagerung in einem unglasierten Tongefäß verlängern die Haltbarkeit.

www.brotfinessen.at

WIENER HANDSEMMEL

Man nehme

für 12 Stück:

Vorteig:

130 g	Weizenmehl 700
130 ml	Wasser
4 g	frische Hefe

Hauptteig:

Vorteig

300 g	Weizenmehl 700
9 g	Gerstenmalzextrakt (aktiv)
90 ml	Wasser
40 g	Milch
6 g	frische Hefe
7 g	Butter
2 g	Salz

Die Vorteigzutaten von Hand verrühren und im Kühlschrank 24–48 Stunden reifen lassen.

Den gereiften Vorteig mit allen Zutaten des Hauptteiges für 10 Minuten bei niedriger Stufe verrühren. Danach langsam das Salz beimengen. Den Hauptteig zu einem glatten, straffen und dehnbaren Teig kneten. Die Teigtemperatur sollte bei etwa 24–26 °C liegen.

Den Hauptteig für 60 Minuten bei Raumtemperatur ruhen lassen. Danach 12 Portionen abstechen, zu Kugeln formen, auf die Arbeitsfläche legen und weitere 30–40 Minuten zugedeckt ruhen lassen.

Die Teigkugeln zu Handsemmeln formen – die genaue Vorgehensweise der einzelnen Schritte ist auf der nächsten Seite zu finden. Anschließend auf einem bemehlten Blech abgedeckt weitere 50 Minuten ruhen lassen. Die Handsemmeln im vorgeheizten Ofen bei 220 °C etwa 16 Minuten backen. Wenn der Backofen eine Dampfgarfunktion hat, diese einschalten.

Danke an Georg Öfferl für das Rezept.

DER WEG ZUR PERFEKTEN HANDSEMMEL

Die Handsemmel gewinnt glücklicherweise wieder an Bedeutung und ist zu allem Überfluss gar nicht so leicht selber zu machen – daher widmen wir ihr ein eigenes „How to …“.

1

Teig am besten mit 4 Fingern flachdrücken, damit der Druck nicht zu stark ist.

2

Den Daumen der linken Hand mittig auf den Teig legen – hier bleibt er auch bis zum Ende.

5

Den nächsten Zipfel mit der rechten Hand zur Mitte schlagen, wieder mit der Handkante festdrücken.

6

Punkt 5 und 4 zweimal wiederholen.

3

Mit dem Zeigefinger die erste „Lasche“ in die Mitte einschlagen und leicht andrücken. Der Zeigefinger bleibt darin liegen.

4

Mit dem Handrücken der rechten Hand einmal alles festdrücken.

7

Den übrigen Teig in das Loch ziehen, in dem der Daumen steckt, und festdrücken.

8

Teigöffnung durch Zusammendrücken verschließen.

SAUERTEIG LEICHT GEMACHT

Man nehme

für den Sauerteig:
400 g Roggenmehl
400 ml Wasser

für das Brot:
400 g Weizenmehl
3 g Salz
200 ml Wasser
ggf. Gewürze wie Kümmel o. Ä.

1. Tag: 100 g Roggenmehl mit 100 ml Wasser von Hand verrühren und an einem warmen Ort zugedeckt für 24 Stunden gehen lassen.

2. Tag: Teig vom ersten Tag wiederum mit 100 g Roggenmehl und 100 ml Wasser von Hand verrühren und weitere 24 Stunden an einem warmen Ort zugedeckt gehen lassen.

3. Tag: Teig vom zweiten Tag mit 100 g Roggenmehl und 100 ml Wasser von Hand verrühren und nochmals 24 Stunden an einem warmen Ort zugedeckt gehen lassen.

Von der fertigen Masse kann nun die Hälfte für 1 Laib Brot verwendet werden. Den Rest des Teiges mit 100 g Roggenmehl und 100 ml Wasser vermengen und 24 Stunden an einem warmen Ort zugedeckt gehen lassen. Anschließend diesen entweder im Kühlschrank (bis zu 4 Tage) aufbewahren oder direkt einfrieren, dann hält der Sauerteig einige Monate.

Für das Brot die Hälfte des Sauerteiges mit 400 g Weizenmehl, Salz und 200 ml Wasser vermengen und zu einem homogenen Teig verkneten. Bei Bedarf könnten nun noch Gewürze wie zum Beispiel Kümmel eingearbeitet werden.

An einem warmen Ort zugedeckt für 2 Stunden gehen lassen. Anschließend den Teig nochmals gut kneten und entweder in eine Kastenform oder als runden Laib auf ein Backblech geben. Nochmals 30 Minuten ruhen lassen.

Im vorgeheizten Backofen (250 °C) 10 Minuten backen, anschließend die Temperatur auf 200 °C reduzieren und 40 Minuten fertig backen. Für die perfekte Kruste das Brot am Anfang und einmal zwischendurch mit lauwarmem Wasser bestreichen.

Danke an Georg Öfferl für das Rezept.

WEISSBROT

Man nehme

für 2 Laib Brot:

Roggenvorteig:

320 g Roggenmehl Type 960
320 ml Wasser
6 g frische Hefe

Hauptteig:

Roggenvorteig
950 g Weizenmehl Type 700
760 ml Wasser
4 g frische Hefe
3 g Salz

Die Vorteigzutaten von Hand verrühren und im Kühlschrank 18–24 Stunden reifen lassen.

Alle Zutaten (bis auf das Salz) für 10 Minuten mit der Küchenmaschine auf niedriger Stufe verrühren. Danach das Salz beimengen und zu einem straffen, glatten und dehnbaren Teig kneten. Die Teigtemperatur sollte bei etwa 24–26 °C liegen.

Den fertigen Teig in eine Schüssel geben, abdecken und 24 Stunden im Kühlschrank rasten lassen. Nach dem Herausnehmen den Teig zu einem Brotlaib formen und im vorgeheizten Backofen bei 250 °C 10 Minuten backen, anschließend die Temperatur auf 200 °C reduzieren und 40–45 Minuten fertig backen.

Danke an Georg Öfferl für das Rezept.

CLUB SANDWICH

FLEISCH VS. VEGGIE

Eines der bekanntesten Sandwiches überhaupt darf auf unserem Frühstückstisch nicht fehlen. Der Klassiker aus den USA wurde von uns mit selbst gebackenem Brot und auch in einer vegetarischen Variante neu interpretiert.

Man nehme

für je 1 Sandwich:

mit Fleisch:

80 g Hühnerbrustfilet
3 Scheiben Weißbrot
3 Scheiben Frühstücksspeck
2 Cocktailtomaten, in Scheiben geschnitten
½ Avocado, in Scheiben geschnitten
1 Schalotte, in Ringe geschnitten
1 Handvoll gemischter Salat
2 EL Feigensenf
2 EL Pflanzenöl
2 EL Mayonnaise
Salz, Pfeffer

Hühnerbrustfilet der kurzen Seite entlang in Scheiben schneiden und in einer beschichteten Pfanne in Öl von allen Seiten anbraten, mit Salz und Pfeffer würzen. Auch den Frühstücksspeck in der gleichen Pfanne mit anbraten und anschließend auf ein Küchenkrepp geben.

Die erste Scheibe Brot mit Mayonnaise bestreichen, Frühstücksspeck und Tomatenscheiben drauflegen und mit einer weiteren Scheibe Brot bedecken. Anschließend die geschnittene Avocado, die Hälfte des Salats und das gebratene Hühnchen oben draufgeben, Zwiebelringe, restlichen Salat und Feigensenf dazu und mit der dritten Scheibe Brot abdecken. Zur Stabilisierung noch einen Spieß hineinstecken.

veggie:

3 Scheiben Sauerteigbrot
2 Scheiben Mango
4 Scheiben Gurke
2 EL Feigensenf
2 EL Erdnussöl
2 EL Frischkäse
1 EL gehackter Koriander
1 Handvoll Kresse
1 Handvoll gemischter Salat
2 Cocktailtomaten, in Scheiben geschnitten
½ Avocado, in Scheiben geschnitten

Mangoscheiben in Öl in einer heißen Pfanne kurz von beiden Seiten anbraten.
Die erste Scheibe Brot mit Feigensenf bestreichen, gegrillte Mangoscheiben, Gurkenscheiben und frischen Koriander draufgeben und mit einer weiteren Scheibe Brot bedecken. Auf diese Scheibe den Frischkäse streichen, Tomatenscheiben und Avocadoscheiben drauflegen und mit Kresse und Salat abrunden. Mit der dritten Scheibe Brot abdecken. Zur Stabilisierung noch einen Spieß hineinstecken.

Tipp

DAS WEISSBROT-REZEPT IST AUF SEITE 18, DAS SAUERTEIGBROT-REZEPT AUF SEITE 16 ZU FINDEN.

FLADENBROT MIT SESAM

Man nehme

für 2 Stück:

Fermentierter Vorteig (Pâte fermentée):

44 g	Weizenmehl 700
30 ml	Wasser
1,5 g	frische Hefe
1 g	Salz

Hauptteig:

fermentierter Vorteig

300 g	Weizenmehl 700
220 ml	Wasser
5 g	Salz
6 g	frische Hefe
7 g	Honig
14 g	Olivenöl
1	Handvoll Sesamkörner

Die Vorteigzutaten von Hand verrühren und im Kühlschrank 24–48 Stunden reifen lassen.

Für den Hauptteig den Vorteig mit allen Zutaten (außer Salz und Olivenöl) für 10 Minuten mit der Küchenmaschine auf niedriger Stufe verrühren. Danach langsam Salz und Olivenöl beimengen. Den Hauptteig zu einem glatten, straffen und dehnbaren Teig kneten. Die Teigtemperatur sollte bei etwa 24–26°C liegen.

Den Hauptteig 60 Minuten bei Raumtemperatur ruhen lassen. Danach den Teig halbieren, zu zwei Kugeln formen und weitere 30–40 Minuten zugedeckt ruhen lassen.

Zum Formen die Kugeln mit einem Rundholz flach drücken und auf der bemehlten Arbeitsfläche nochmals 15 Minuten ruhen lassen.

Die beiden Fladen mit etwas lauwarmen Wasser einstreichen, mit weißem Sesam bestreuen und im vorgeheizten Ofen (220 °C) ca. 20 Minuten backen.

Danke an Georg Öfferl für das Rezept.

FLADEN GEFÜLLT

Gerade in der Früh muss es einfach und schnell gehen, daher kochen wir unser Huhn in Kokosmilch. Eine wirklich zeitsparende Alternative zum Backofen und mindestens genauso gut, versprochen.

Man nehme

für 2 Fladen:

2	Fladenbrote
250 g	Hühnerbrustfilet
150 ml	Kokosmilch
400 ml	Wasser
4 EL	Hoisin-Sauce
6	Karotten
4 EL	Olivenöl
2	Handvoll gemischter Salat
250 ml	Sauerrahm
3 EL	gehackte Minze
4 EL	Feigenmarmelade

Saft von 1 Zitrone
Salz, Pfeffer

Kokosmilch und Wasser in einem Topf zum Kochen bringen und Hühnerbrustfilets darin 30 Minuten leicht köcheln lassen. Anschließend herausnehmen und kurz abkühlen lassen. Währenddessen Sauerrahm mit Minze und Zitronensaft mischen und mit etwas Pfeffer abschmecken. Karotten vierteln, mit Olivenöl beträufeln und im vorgeheizten Backofen (220 °C, Ober-/Unterhitze) 25 Minuten backen.
Das gekochte Huhn mit einer Gabel zerreißen und in einer beschichteten Pfanne noch einmal kurz erwärmen. Hoisin-Sauce dazugeben und mit Salz und Pfeffer abschmecken.

Das Fladenbrot halbieren und innen – nicht ganz bis zum Ende – einschneiden. Mit jeweils der Hälfte der Sauerrahm-Sauce bestreichen, Salat, Huhn und gebackene Karotten hineingeben und mit einem Löffel Feigenmarmelade als Topping ergänzen.

Tipp

TIPP: DAS FLADENBROT-REZEPT IST AUF SEITE 24 ZU FINDEN.

MINI-BAGUETTES

Man nehme

für 2 Stück:

280 g	Weizenmehl 700
200 ml	Wasser
2 g	frische Hefe
1 TL	Honig
1 g	Salz

Alle Zutaten 10 Minuten mit der Küchenmaschine auf niedriger Stufe verrühren. Danach zu einem glatten, straffen und dehnbaren Teig kneten (sollte sich vom Schüsselrand lösen). Die Teigtemperatur sollte etwa 24–26 °C betragen.
Den Teig halbieren und zu zwei Kugeln formen. Diese abgedeckt über Nacht im Kühlschrank reifen lassen.
Am nächsten Tag aus den beiden Kugeln vorsichtig zwei längliche Baguettes formen und für 30 Minuten abermals abgedeckt beiseitestellen.

Die Baguettes nochmals auf die gewünschte Endlänge längsformen und noch einmal 30 Minuten ruhen lassen.
Anschließend im vorgeheizten Ofen (220 °C) ca. 20–22 Minuten backen.

Danke an Georg Öfferl für das Rezept.

FRISCH GESTRICHEN

AUFSTRICHE FÜR JEDEN GESCHMACK

Man nehme

für je 4 Portionen:

Tomate – Parmesan:
250 g eingelegte getrocknete Tomaten
50 g Parmesan am Stück
1 TL Cayennepfeffer
3 EL Olivenöl
1 Handvoll frische Petersilie
Basilikum
Salz, Pfeffer

Avocado – Chili:
250 g Cottage Cheese
1 reife Avocado
2 rote Chilischoten
1 EL Koriandersamen
etwas frischer Koriander
Salz, Pfeffer

Saibling – Speck:
4 Scheiben Frühstücksspeck
150 g geräucherter Saibling
250 g Frischkäse
2 EL gehackter Dill
1 TL gehackter Ingwer
2 EL Pflanzenöl
Salz, Pfeffer

DER AUFSTRICH

Tomaten in einem Sieb abspülen und gut abtropfen lassen. Parmesan frisch hobeln und 2 EL beiseitegeben. Alle Zutaten in ein hohes Gefäß geben und mit einem Stabmixer zu einer homogenen Masse pürieren. Mit Salz und Pfeffer abschmecken.

DAS ANRICHTEN

Etwas Paste auf eine Scheibe Baguette geben, frisch gehobelten Parmesan und ein wenig Basilikum als Topping draufgeben.

DER AUFSTRICH

Avocado halbieren, schälen, entkernen und in Scheiben schneiden. Koriandersamen in einem Mörser etwas zerstampfen und unter den Cottage Cheese mischen.

DAS ANRICHTEN

Auf eine Scheibe Baguette etwas Cottage Cheese geben, darauf gefächert einige Avocado-Scheiben legen und mit Salz und Pfeffer würzen. Die frisch gehackte Chilischote und ein paar Korianderblättchen als Topping draufgeben.

DER AUFSTRICH

Geräucherten Saibling mit Frischkäse vermengen, frisch gehackten Dill und fein gehackten Ingwer untermischen und mit etwas Salz und Pfeffer abschmecken. In einer heißen Pfanne den Frühstücksspeck kross anbraten.

DAS ANRICHTEN

Etwas Saiblingpaste auf eine Scheibe Baguette geben und den Speck hineinstecken.

Tipp

TIPP: DAS BAGUETTE-REZEPT IST AUF SEITE 28 ZU FINDEN.

Blauschimmel – Birne:

150 g Blauschimmelkäse
50 ml Joghurt
200 g Frischkäse
2 reife Birnen
1 EL Williamsbirnen-Schnaps
3 Radieschen
1 TL Kümmelsamen
etwas Kresse

DER AUFSTRICH

Blauschimmelkäse mit den Fingern zerreißen und mit Frischkäse und Joghurt vermischen. Birne sehr fein würfeln und gemeinsam mit dem Williamsbirnen-Schnaps und dem Kümmel unter die Käsemischung heben. Abgedeckt im Kühlschrank 2 Stunden ziehen lassen.

DAS ANRICHTEN

Die Käsepaste auf eine Scheibe Baguette platzieren und einige Radieschenscheiben sowie etwas Kresse als Topping draufgeben.

OLIVEN-FOCACCIA

Man nehme

für 2 Stück:

Fermentierter Vorteig (Pâte fermentée):

44 g Weizenmehl 700
1,5 g frische Hefe
1 g Salz
30 ml Wasser

Hauptteig:

fermentierter Vorteig
300 g Weizenmehl 700
220 ml Wasser
5 g Salz
6 g frische Hefe
7 g Honig
14 g Olivenöl

Belag:

200 g grüne Oliven, entkernt
2 EL gehackter Thymian
2 EL gehackter Oregano
4 EL Olivenöl

Die Vorteigzutaten von Hand verrühren und im Kühlschrank 24–48 Stunden reifen lassen.

Für den Hauptteig den Vorteig mit alle Zutaten (außer Salz und Olivenöl) 10 Minuten mit der Küchenmaschine auf niedriger Stufe verrühren. Danach langsam Salz und Olivenöl beimengen. Den Hauptteig zu einem glatten, straffen und dehnbaren Teig kneten. Die Teigtemperatur sollte bei etwa 24–26 °C liegen.

Den Hauptteig für 60 Minuten bei Raumtemperatur ruhen lassen. Danach den Teig halbieren, zu zwei Kugeln formen und weitere 30–40 Minuten zugedeckt ruhen lassen.

Zum Formen der Focacce die Kugeln mit einem Rundholz flach drücken und auf der bemehlten Arbeitsfläche nochmals 15 Minuten ruhen lassen.

Die beiden Fladen mit Olivenöl einstreichen, mit den gehackten Kräutern bestreuen, die halbierten Oliven hineindrücken und im vorgeheizten Ofen (220 °C) ca. 20 Minuten backen.

Danke an Georg Öfferl für das Rezept.

Tipp

OLIVEN KÖNNEN AUCH DURCH GETROCKNETE TOMATEN ERSETZT ODER MIT DIESEN ERGÄNZT WERDEN.

BRIOCHES

Man nehme

für 10 Stück:

425 g Weizenmehl Type 700
60 ml Wasser
60 ml Milch
25 g frische Hefe
75 g Zucker
1 Ei
2 Eidotter
75 g Butter
6,5 g Salz
1 TL Zitronenschale
Mark von 1 Vanilleschote

Alle Zutaten 10 Minuten mit der Küchenmaschine auf niedriger Stufe verrühren. Danach zu einem straffen, glatten Teig kneten, bis sich der Teig von der Wand der Schüssel löst. Den Teig nach 45 Minuten einmal zusammenschlagen, Vorgang nach 30 und dann noch einmal nach 15 Minuten wiederholen. Danach den Teig in je 40 g schwere Teigstücke teilen, Kugeln formen, diese dann langformen und zu Briocheknöpfen formen. Die genaue Anleitung hierzu kommt auf der nächsten Seite. Mit Ei bestreichen, über Nacht im Kühlschrank gehen lassen. Am nächsten Morgen die Briocheknöpfe aus dem Kühlschrank holen und im vorgeheizten Ofen bei 230 °C 8–10 Minuten goldbraun backen. Wenn gewünscht mit Hagelzucker bestreuen.

Danke an Georg Öfferl für das Rezept.

BRIOCHE-KNÖPFE FLECHTEN

Wir durften einen Tag mit Georg Öfferl in seiner Backstube verbringen und lernen, wie man Brioche-Knöpfe herstellt. Nach einigen Anläufen und geduldiger Erklärung ist es uns dann auch gelungen, diese Herausforderung zu meistern. Wenn man erst mal den Dreh raus hat, geht es auch ganz schnell.

1

Teig in Stücke teilen, rund formen und zu länglichen Strängen rollen. Einen Strang waagrecht auflegen, den zweiten senkrecht darüberlegen.

2

Die beiden Enden des unteren Stranges überkreuzen und ein Ende zur rechten und das andere zur linken Seite legen.

5

Dann wieder von rechts wie unter Punkt 3 beginnen.

6

Danach wieder von links wie unter Punkt 4 fortfahren und bis zum Ende weiterflechten

3

Den rechten äußersten Strang über den zweiten um eine Position nach innen legen.

4

Links den äußersten Strang unter dem zweiten durchziehen, über den dritten legen und an dritter Position ablegen.

7

Die Enden der Stränge gut zusammendrücken und den Zopf locker zu einem Knopf einschlagen.

8

Voilà!

EIER

Ob weich gekocht, im Glas, als Rührei, Spiegelei oder Eggs Benedict – wir lieben Eier zum Frühstück! Eier schmecken aber nicht nur hervorragend, sie enthalten auch viele Nährstoffe, die der Körper für Wachstum und Entwicklung braucht, und sind natürlich wichtiger Eiweißlieferant. Besonders wichtig ist für uns auch die Herkunft – auf unserem Frühstückstisch landen nur Eier aus Bio-Freilandhaltung, vorzugsweise von Produzenten, bei denen auch die Hähne aufgezogen werden, da sie eine wichtige Funktion in der Herde haben und für eine artgerechte Haltung notwendig sind.

Im Biohof N°5 in Stammersdorf in Wien leben 30 glückliche Hennen und drei Hähne: Der alte Hahn beaufsichtigt mit Freude die jungen Hühner am Hof, die beiden jungen Hähne residieren mit den älteren Hühnern sehr idyllisch in einem alten Zirkuswagen auf dem Acker. Dort können sie sich auf einem wunderschönen, großen Areal frei bewegen, sich im hohen Gras verstecken, im Sand scharren und im Sommer unter Bäumen und Sträuchern Schatten finden.

» Wir zäunen das Gemüse ein, nicht die Hühner. «

Alexandra und Oliver Kaminek haben den Biohof 2011 als Quereinsteiger übernommen. Die Marketing- & Medien-Fachfrau und der Tonmeister & Musiker haben sich darauf aber bestens vorbereitet und die Landwirtschaftsschule nachgemacht sowie im ständigen Austausch mit Bio-Bauern in der Umgebung in kürzester Zeit wichtige Erfahrungen gesammelt. Inzwischen sind sie erfolgreiche Weinbauern, züchten Mangalitza-Schweine und Sulmtaler Hühner, bauen Gemüse und das Futter für ihre Tiere selber an und verkaufen ihre hochwertigen Produkte im eigenen Hofladen.

STEMPEL AUF DEM EI

Die Herkunft der Eier lässt sich ganz einfach aufgrund des Stempels nachvollziehen; diese Kennzeichnung ist in der gesamten EU verpflichtend. Ausnahmen von der Kennzeichnungspflicht gibt es für kleine Betriebe, die nur ab Hof verkaufen.

» Die Hühner leben so lange bei uns, bis sie tot umfallen. «

Die Zahl vor dem Bindestrich verrät, aus welcher Haltung das Ei stammt:

0 = Biohaltung (Freilandhaltung & Biofutter)

1 = Freilandhaltung

2 = Bodenhaltung

3 = Käfighaltung

Nach dem Bindestrich wird das Herkunftsland angezeigt – z. B. »AT« für Österreich oder »DE« für Deutschland. Danach folgen die Betriebsnummer des Bauern sowie oft auch das Mindesthaltbarkeitsdatum.

Hühner aus Boden- oder gar Käfighaltung können nicht artgerecht leben und leiden – das muss nicht sein!

LAGERUNG

Eier müssen nicht unbedingt im Kühlschrank gelagert werden, an einem kühlen und trockenen Ort halten sie durchaus 2 Wochen. Frische Dotter kann man mit etwas Wasser oder Öl beträufeln und 2–3 Tage im Kühlschrank aufbewahren, Eiklar hält sich in einem verschlossenen Behälter dort sogar über eine Woche.

FRISCHETEST

Der sicherste Test ist die Wasserprobe. Ein Ei in Salzwasser legen: Sinkt es zu Boden, ist es frisch. Verdorbene Eier haben eine größere Luftkammer und schwimmen daher an der Wasseroberfläche.

VERZEHR VON ROHEN EIERN

Für Speisen mit rohen Eiern, wie zum Beispiel Tiramisu, nur ganz frische Eier verwenden. Eier, die bereits mehrere Tage oder Wochen im Kühlschrank lagern, sollten verkocht werden.

wein.nummer5.at

POCHIERTES EI MIT TOMATENSALAT

Man nehme

für 2 Portionen:

2 Eier
150 g Cocktailtomaten
50 ml Milch
3 EL gehackte Minze
4 EL Olivenöl
2 EL weißer Balsamico-Essig
1 Frühlingszwiebel, in Ringe geschnitten
1 frische Chilischote
Salz, Pfeffer

Eier pochieren ist so eine Sache. Oder Wissenschaft, je nachdem, wie man es sieht. Heißes Wasser, Kochlöffel, rühren ... naja, funktioniert auch nur ab und zu richtig gut. Aber wir haben einen Trick, wie man zu einem Top-Ergebnis kommt!

Den Boden eines Topfes ca. 2 cm hoch mit Wasser bedecken und 50 ml Milch dazugeben. So lange erwärmen, bis die Mischung kurz vor dem Kochen ist, dann die Hitze auf die niedrigste Stufe reduzieren. Die Eier aufschlagen und vorsichtig hineingleiten lassen, sodass sie nicht kaputt gehen. Nun 4–5 Minuten warten und die fertig pochierten Eier mit einem flachen Schöpflöffel vorsichtig herausheben.
Während die Eier pochieren, Tomaten waschen, vierteln und in einer Schüssel mit Minze, Frühlingszwiebel, Olivenöl und Balsamico-Essig vermischen. Mit Salz und Pfeffer abschmecken und je nach gewünschtem Schärfegrad frisch gehackte Chili untermischen.

EGG BENEDICT VS. FLORENTINE

Man nehme

für jeweils 2 Portionen:

Egg Benedict:
2 Brioches
4 Scheiben Beinschinken
2 pochierte Eier (siehe vorhergehende Seite)

Für die grüne Sauce:
2 Handvoll Jungspinat
2 EL gehackte Petersilie
15 ml Olivenöl
Saft von 1 Zitrone
Salz, Pfeffer

Für die Sauce Hollandaise:
200 g Butter
4 EL Weißwein
Saft von ½ Zitrone
Salz, Pfeffer
3 Bio-Eier

Tipp

DAS BRIOCHE-REZEPT IST AUF SEITE 34 ZU FINDEN.

Schinken oder Lachs, das ist hier die Frage. Wir nehmen gerne auch einfach beides. Angerichtet auf selbst gebackenem Brioche schmeckt es am besten!

Starten wir mit unserer selbst gemachten Sauce Hollandaise: Butter in einem kleinen Topf erhitzen und schmelzen. Eier trennen und Eigelb in eine Metallschüssel geben. Anschließend Weißwein und eine Prise Salz hinzugeben und mit einem Schneebesen gut verrühren. In einem kleineren Topf als die Metallschüssel Wasser erhitzen. Das Wasser darf gerne kurz aufkochen, dann die Hitze sofort reduzieren, und erst wenn das Wasser nicht mehr kocht, die Metallschüssel draufstellen, sodass der Schüsselboden das heiße Wasser nur ganz knapp berührt.

Während dem Erwärmen die Eimasse mit einem Schneebesen ständig schlagen, bis die Sauce schaumig wird. Hier ist es die Kunst, zu verhindern, dass das Ei gerinnt. Einerseits erreichen wir das durch ständiges Quirlen mit dem Schneebesen, andererseits weil wir die Hitze reduziert haben und das Ganze nur sehr vorsichtig erwärmen. Die Soße muss dabei ständig in Bewegung sein, damit sie nicht stockt und flockig wird.

Sobald die Masse schaumig ist, die flüssige Butter sehr langsam unter ständigem Rühren zu der Eimasse dazugeben. Sobald die ganze Butter eingerührt und die Soße cremig geworden ist, die Schüssel vom Herd nehmen, mit Salz, Pfeffer und Zitronensaft abschmecken und am besten noch warm servieren.

Für unsere grüne Sauce Spinat, Petersilie und Olivenöl in einen hohen Messbecher geben und zu einer homogenen Paste pürieren. Mit Zitronensaft, Salz und Pfeffer abschmecken.

Die Brioches halbieren und die Hälften auf einen Teller geben.
Die grüne Sauce auf die Hälften geben, Beinschinken und pochiertes Ei draufsetzen und mit etwas warmer Hollandaise abrunden.

Und was ist nun der Unterschied zum Egg Florentine? Hier wird anstelle des Beinschinkens geräucherter Lachs verwendet und eigentlich kommt eine Sauce Béarnaise darüber … schmeckt aber auch super mit unserer Hollandaise.

EIERPFÄNNCHEN

Die superschnellen Eierpfännchen haben bei uns am Wochenende schon einen fixen Platz auf unserem Frühstückstisch! Das Schöne daran: Man kann seiner Kreativität freien Lauf lassen und – je nach Saison – frische Zutaten nach Lust und Laune kombinieren.

Man nehme

für je 1 Pfännchen:

Chorizo – Tomate:

1 Handvoll Cocktailtomaten, halbiert
70 g Chorizo, in Scheiben geschnitten
2 EL Olivenöl
½ TL Zucker
20 g Bergkäse, gewürfelt
3 Eier
Basilikum
grobes Salz, Pfeffer

Olivenöl in einem kleinen Pfännchen erhitzen (mittlere Stufe) und die Chorizo 2 Minuten anbraten. Anschließend Tomaten und Zucker dazugeben und kurz unterheben. Den gewürfelten Bergkäse untermischen und direkt die drei Eier (wie Spiegeleier) hineinschlagen. Dabei darauf achten, dass das gesamte Pfännchen mit Eiweiß bedeckt ist. Einen Deckel draufsetzen und bei niedriger Temperatur so lange backen, bis das Eiweiß gestockt ist (dauert ca. 5–7 Minuten). Mit grobem Salz und frisch gemahlenem Pfeffer würzen und mit frischem Basilikum servieren.

Spargel – Erbse:

4 Stangen grüner Spargel, gewürfelt
30 g TK-Erbsen
20 g Zillertaler Sennkäse, gewürfelt
2 EL Olivenöl
1 EL gehackter Thymian
Saft von ½ Zitrone
Salz, Pfeffer
3 Eier

Olivenöl ein einem kleinen Pfännchen erhitzen (mittlere Stufe) und die Spargelstücke 2 Minuten anbraten. Anschließend die noch gefrorenen Erbsen und den gehackten Thymian dazugeben und kurz unterheben. Den gewürfelten Sennkäse untermischen und direkt die drei Eier (wie Spiegeleier) hineinschlagen. Dabei darauf achten, dass das ganze Pfännchen mit Eiweiß bedeckt ist. Einen Deckel auf das Pfännchen setzen und bei niedriger Temperatur so lange backen, bis das Eiweiß gestockt ist (dauert ca. 5–7 Minuten). Grobes Salz und frisch gemahlenen Pfeffer drüberstreuen und mit frischem Thymian servieren.

Tipp

EIN PFÄNNCHEN REICHT MEISTENS FÜR 2 PERSONEN.

CROQUE MADAME

Ein Croque ist die französische Variante des Sandwiches und wir lieben es heiß. Besonders die Madame, gekrönt mit einem Spiegelei, hat es uns angetan – oh là là!

Man nehme

für 2 Portionen:

4 Scheiben Toastbrot
2 TL Oberskren
2 Scheiben Kochschinken
150 g geriebener Emmentaler
50 g geriebener Bergkäse
2 Eier

Den Backofen auf 220 °C (Ober-/Unterhitze) vorheizen.

Den geriebenen Emmentaler und den geriebenen Bergkäse vermischen. Zwei Toastbrotscheiben mit Oberskren bestreichen, mit Schinken belegen und mit reichlich Käse bestreuen. Das Ganze mit jeweils einer weiteren Toastbrotscheibe abdecken und den restlichen Käse auf den beiden Sandwiches verteilen. Im vorgeheizten Ofen 8 Minuten backen, anschließend die Grillfunktion des Ofens anstellen und noch einmal 3–4 Minuten grillen.

Währenddessen die beiden Eier zu Spiegeleiern braten und vor dem Servieren auf die noch heißen Sandwiches setzen.

SHAKSHUKA

Zu Recht gilt diese ursprünglich nordafrikanische Spezialität in Israel inzwischen als Nationalgericht. Vor allem die Auswahl der Gewürze verleiht dem Gericht das „besondere Etwas".

Man nehme

für 2 Portionen:

3 Eier
1 Zwiebel
2 Dosen Tomaten
1 rote Paprika
1 Knoblauchzehe
1/8 l Rotwein
2 EL Pflanzenöl
1 TL Cayennepfeffer
1 TL Kreuzkümmel, gemahlen
1 TL Koriander, gemahlen
½ TL Zimt, gemahlen
1 TL Kardamom, gemahlen
1 EL brauner Zucker
2 EL Tomatenmark
1 Handvoll frische Petersilie
Salz, Pfeffer

Zwiebel fein würfeln und in einem ausreichend großen Topf mit dem Öl erhitzen. Kurz danach den braunen Zucker dazugeben und eine Minute lang etwas karamellisieren lassen. Klein gewürfelte Paprika und fein gehackten Knoblauch dazugeben und kurz umrühren. Anschließend die Gewürze unterheben und mit Rotwein ablöschen. 2 Minuten aufkochen lassen, dann Tomatenmark und Dosentomaten dazugeben, Hitze reduzieren und 30 Minuten einkochen lassen.
Nach den 30 Minuten einmal gut umrühren, drei Mulden hineindrücken und in diese die Eier schlagen. Deckel draufgeben und die Eier bei niedriger Hitze garen.

Kurz vor dem Servieren mit frisch gehackter Petersilie bestreuen.

KRÄUTER-SCHMARREN

Ein Klassiker mal in einer pikanten Version: Kaiserschmarren mit vielen frischen Kräutern und Limetten-Dip!

Man nehme

Zutaten für 2 Portionen:

150 g Weizenmehl
2 Eier
1 Prise Salz
Pfeffer
25 ml lauwarme Milch
Mineralwasser

Dip:
1 Limette
100 ml Joghurt (3,5%)

gehackte frische Kräuter:
1 EL Thymian
1 EL Oregano
1 EL Petersilie
1 EL Schnittlauch

Für den Teig gesiebtes Mehl mit Salz vermischen. Milch und Eier unterheben und so lange Wasser dazugeben, bis eine homogene, nicht zu flüssige Masse entsteht. Mit etwas Pfeffer würzen. Die frisch gehackten Kräuter unterheben.
Für den Dip Joghurt mit Limettensaft und etwas Abrieb von der Limettenschale vermengen.

Eine kleine Pfanne (Durchmesser ca. 20 cm) erhitzen, einen Teelöffel Butter darin schmelzen und den Teig hineingeben. Für kurze Zeit anstocken lassen. Den Teig mithilfe einer Gabel zerreißen und dabei wenden. Immer wieder schwenken, bis der Kaiserschmarren fertig ist.

Gemeinsam mit dem Dip servieren.

PANCAKES

Wir servieren unsere Pancakes gerne ganz klassisch mit Ahornsirup und pimpen das Ganze am liebsten mit frischen Beeren.

Man nehme

für 4 Stück:

200 g Weizenmehl
50 ml lauwarme Milch
2 Eier
3 EL Staubzucker
Mineralwasser
Ahornsirup
frische Beeren

Für den Teig gesiebtes Mehl mit Staubzucker vermischen. Milch und Eier unterheben und so lange Wasser dazugeben, bis eine homogene, nicht zu flüssige Masse entsteht.

Eine beschichtete Pfanne erhitzen und darin einen Teelöffel Butter schmelzen. Wir benutzen für unsere Pancakes kleine Metallringe, damit sie schön rund werden. Diesen Ring in die Pfanne setzen und etwas Teig hineingeben. Sobald der Teig fest wird, wenden und fertig braten.

Gestapelt, noch warm, mit etwas Ahornsirup und frischen Beeren servieren.

Tipp

IN DEN TEIG 3 ESSLÖFFEL NOUGATCREME UNTERHEBEN UND SCHOKO-PANCAKES MACHEN.

BEEREN-SWIRLS

Die Farbe der Email-Form passt einfach perfekt zum süßen Inhalt. Deswegen stellen wir dieses Gericht am liebsten einfach in die Mitte des Tisches und jeder nimmt sich selbst.

für 1 Ofenform (ca. 26 x 17 cm):

300 g Weizenmehl
250 ml Himbeermarmelade
250 g gemischte Beeren
250 ml Schlagobers
50 ml lauwarme Milch
4 Eier
2 TL Zimt
2 EL Staubzucker
Eine Prise Salz
Mineralwasser

Für den Teig gesiebtes Mehl mit Salz vermischen. Milch und zwei Eier unterheben und so lange Wasser dazugeben, bis eine homogene, nicht zu flüssige Masse entsteht. Mit dem Staubzucker süßen. Den Backofen auf 180 °C (Ober-/Unterhitze) vorheizen.
Eine beschichtete Pfanne erhitzen, darin einen Teelöffel Butter schmelzen und dünne Pfannkuchen backen. Die fertigen Pfannkuchen mit etwas Marmelade bestreichen, einige Beeren in die Mitte platzieren und einrollen. Nun dritteln und die einzelnen Rollen nebeneinander in eine mit Butter ausgestrichene Ofenform platzieren. So lange wiederholen, bis die Form voll ist.

Schlagobers mit den restlichen zwei Eiern und dem Zimt vermischen und die Ofenform damit aufgießen. Noch einzeln einige Beeren auf die Rollen platzieren und dann ca. 15 Minuten im Ofen backen. Vor dem Essen etwas abkühlen lassen.

Tipp

SCHMECKT AUCH GUT MIT ANDEREN MARMELADESORTEN.

KAFFEE

Kaum ein Frühstückstisch kommt ohne Kaffee aus. Aber was trinken wir da allmorgendlich, woraus besteht dieses Getränk und woher kommt es? Um diese und viele andere Fragen zu klären, haben wir uns mit Evelyn und Werner von den Coffee Pirates, einer Specialty-Coffee-Bar und -Rösterei in Wien, getroffen. Die beiden sprudeln vor Faszination für Kaffee, und so fiel es uns nicht schwer, ihnen so manches Hintergrundwissen zu entlocken.

WAS IST SPECIALTY COFFEE?

Die Specialty-Coffee-Bewegung (auch »Third Wave«) hat sich der Liebe zum Kaffee verschrieben. Das bedeutet, der Geschmack des Endprodukts soll im Vordergrund stehen und die gesamte Produktionskette wird überblickt, um so wenige Fehler wie möglich – vom Baum bis in die Tasse – zuzulassen. Gleichzeitig wird dabei auf eine nachhaltige Wertschöpfung über die ganze Produktionskette hinweg geachtet, daher wird ausschließlich guter Kaffee zu Höchstpreisen möglichst direkt von den Kooperativen eingekauft – übrigens in der Regel weit teurer als Fair-Trade-Kaffee. Dieser darf bis zur Röstung nicht älter als ein Jahr sein, und sollte, frisch geröstet, innerhalb von drei bis vier Monaten vom Kunden verbraucht werden. Denn auch Kaffee muss frisch sein, um gut zu schmecken.

WO KOMMT KAFFEE ÜBERHAUPT HER?

Grundsätzlich kann die Kaffeepflanze überall um ca. 25° rund um den Äquator angebaut werden. Voraussetzung für

» Wir wissen von jedem Kaffee, wo er herkommt. «

den Anbau ist eine ausreichende Feuchtigkeitsversorgung. Der größte Kaffeeproduzent ist Brasilien, aber qualitativ hochwertige Kaffees kommen aus der ganzen Welt – u.a. aus Kenia, Äthiopien und Panama.

WIE LASSEN SICH DIE QUALITÄTEN VON KAFFEE UNTERSCHEIDEN?

Unterschieden wird zunächst zwischen maschinell oder von Hand geerntetem Kaffee. Jeder Kaffeebauer, der von Hand erntet, verkauft gute sowie mindere Qualitäten. Den Unterschied macht das selektierende Pflücken. Als nächstes geht es um Herkunftsland, Varietät (Untersorte), Anbauhöhe, Sortierung (nur aus reif gepflücktem Kaffee wird ein gutes Endprodukt) und Weiterverarbeitung. Diese Parameter entscheiden, natürlich neben Lagerung

WIE WIRD AUS DER KAFFEEKIRSCHE EINE BOHNE?

Auf einer Kaffeepflanze wachsen jährlich rund 5 Kilo Früchte, aus denen kann – optimalerweise rot und reif geerntet – rund 1 Kilo Kaffeebohnen gewonnen werden. Zur Weiterverarbeitung gibt es unterschiedliche Verfahren:

NATURAL

Die Kirsche wird im Ganzen in der Sonne getrocknet, sodass die ganze Süße des Fruchtfleischs in die Bohne einzieht. Danach wird das Fruchtfleisch (»Mucilage«) weggequetscht.

WASHED

auch **Wet Processed**: Die Kirsche wird am Erntetag gequetscht. Anschließend wird die Bohne im Wasser gelagert, um übriges Fruchtfleisch zu entfernen und die Fermentation voranzutreiben.

SEMI-WASHED

auch **Honey Processed**: Die Kaffeebohne wird gequetscht, jedoch wird danach nicht gewaschen, sondern gleich getrocknet, damit die Reste der Mucilage zusätzliche Süße an die Bohne abgeben.

und Röstprozess, über Qualität und Aroma des Kaffees. Wichtig hierbei ist, dass jeder Parameter und jeder Schritt in der Verarbeitungskette passt. Auch ein Spitzenkaffee kann in der Röstung allzu schnell zerstört werden.

ARABICA VS. ROBUSTA

Robusta-Kaffee ist erdig, kräftiger und weniger säurebetont. Auch hier gibt es sehr hochwertige Pflanzen, diese sind jedoch kaum verbreitet. Die Sorte Arabica ist aromatisch fruchtiger, variantenreicher und klarer und hat daher mit all ihrer Varietäten-Vielfalt ihren Weg in die Rösttrommeln von Specialty-Coffee-Röstern weltweit gefunden.

KANN SPECIALTY COFFEE AUCH IN EINEM INDUSTRIELLEN MASSSTAB FUNKTIONIEREN?

Guten Kaffee in größeren Mengen zu beziehen, ist machbar. Das Problem ist wohl, dass für den Vertrieb über Zwischenhändler und Supermärkte der Kaffee sehr lang haltbar sein müsste. Und hier scheitert es im Moment. Vakuumverpackter Kaffee ist natürlich lange haltbar, doch die feinen Aromen und ätherischen Öle, welche den komplexen Geschmack von Kaffee ausmachen, sind auch im Vakuum flüchtig. Deshalb gilt auch hier: Gut ist was frisch ist!

WIE SIEHT ES MIT BIO-KAFFEE AUS?

Bio-Kaffee ist vor allem in Österreich und Deutschland sehr gefragt. Viele Kaffeebauern verzichten zwar aus Kostengründen auf Spritzmittel, haben aber auch nicht genug Geld für die teure Zertifizierung. Und in anderen Regionen ist es aufgrund von desatrösen Ernteausfällen nur schwer möglich, einen Biokaffee in hoher Qualität zu erzeugen. Das bedeutet, dass es für uns Röster von Jahr zu Jahr schwieriger wird, wirklich erstklassigen Biokaffee zu finden.

www.kaffeepiraten.at

» Arabica muss nicht immer gut sein. «

DER RICHTIGE KAFFEE ZUM FRÜHSTÜCK

Specialty Coffee hört nicht nach der Röstung auf. Die Zubereitung ist mindestens genauso wichtig wie jeder andere Schritt in der Herstellung des schwarzen Golds. Nun hat nicht jeder Kaffeegenießer eine voll ausgestattete Espresso-Bar daheim. Daher zeigt uns Nikolaus von der Wiener Rösterei Süssmund ein paar großartige Alternativen zum Morgen-Espresso.

DIE RÖSTUNG

Für alle diese Zubereitungsmethoden eignen sich hellere Filterkaffee-Röstungen am besten. Wer es gern etwas herber mag, kann auch dunklere Röstungen ausprobieren. Klassische italienische Espressi sind in der Regel jedoch zu dunkel.

DAS MAHLEN

Die meisten Filter-Zubereitungen benötigen gröbere Mahlgrade. Durch Feinjustieren dessen können Sie den Geschmack verändern – gröbere Mahlungen lassen den Kaffee leichter werden, feinere Mahlungen dahingegen stärker im Geschmack und auch bitterer.

DIE GRUNDAUSSTATTUNG

- Handmühle
- Wasserkocher
- Thermometer
- Waage
- Timer

www.suessmund.at

AEROPRESS

DIE HARDWARE

Aus leichtem Kunststoff, ist die Aeropress der perfekte Kaffeezubereiter für unterwegs. Ihr benötigt zusätzlich eine stabile Kanne/Tasse und einen langen Löffel zum Umrühren.

DIE ZUBEREITUNG

Filter aufsetzen, anschrauben und alle Komponenten mit heißem Wasser spülen. Kaffeemehl einfüllen, mit Wasser aufgießen und 20 Sek. quellen lassen. Das restliche Wasser auffüllen und umrühren, Stempel aufsetzen und weitere 50 Sek. ziehen lassen. Nun den Stempel in ca. 30 Sek. herunterdrücken, ohne die Luft durch den Kaffee zu drücken. Rezepte variieren bei der Aeropress enorm – experimentiert einfach selbst und findet Euer Lieblingsrezept für Euren Kaffee.

Kaffeemenge 18 g | Wassermenge 240 ml | Mahlgrad mittel–fein
Temperatur 80–95 °C | Ziehzeit 1:40 Min

POUR-OVER

DIE HARDWARE

Dieser Filtertrichter ist vielleicht manchen von Euch noch aus Omas Küche bekannt. Alles was ihr hierfür braucht, ist der Trichter, eine Kanne mit Schwanenhals sowie Kaffeefilter aus Papier.

DIE ZUBEREITUNG

Filter aufsetzen und alle Komponenten mit heißem Wasser spülen. Kaffeemehl in den Filter geben und mit ca 30g Wasser befeuchten, 30 sec ziehen lassen. Das restliche Wasser in spiralförmigen Bewegungen über den Kaffee gießen und durchlaufen lassen.

Kaffeemenge 15 g | **Wassermenge** 200 ml | **Mahlgrad** mittel
Temperatur 90–96 °C | **Ziehzeit** 2–3 Min

KARLSBADER KANNE

DIE HARDWARE

Diese Porzellankanne ist über einhundert Jahre alt, kommt ohne Papierfilter aus und schaut auch noch äußerst hübsch aus.

DIE ZUBEREITUNG

Den Kaffee auf der gröbsten Stufe mahlen. Alle Teile der Kanne mit kochendem Wasser anwärmen. Anschließend das Kaffeepulver auf das Sieb geben und anfeuchten. Nach 30 Sekunden das restliche Wasser aufgießen und den Filter abnehmen, sobald das gesamte Wasser durchgelaufen ist

Kaffeemenge 10 g pro Tasse | **Wassermenge** 150 ml pro Tasse
Mahlgrad grob | **Temperatur** 90 °C | **Ziehzeit** 2–3 Min

MOKKA-KANNE

DIE HARDWARE

Ganz Italien hat dieses kleine Kännchen allmorgendlich auf dem Herd stehen. Hier braucht Ihr nicht viel mehr als die Kanne selbst und die Grundausstattung. Ein Tuch hilft, Verbrennungen an der heißen Kanne zu vermeiden.

DIE ZUBEREITUNG

Kochendes Wasser in die untere Hälfte bis unters Ventil füllen. Den Trichter bis zur Oberkante mit Kaffeemehl (feinerer Mahlgrad) füllen, glatt streichen. Kanne zusammenschrauben und auf den Herd stellen. Sobald der Kaffee in die obere Kammer sprudelt, ist er fertig.

Kaffeemenge Sieb füllen | **Wassermenge** bis unter das Ventil
Mahlgrad fein | **Temperatur** 96–100 °C | **Ziehzeit** Vom Mahlgrad abhängig

MILCH

Wenige Lebensmittel sind so vielseitig verarbeitbar wie Milch – Grund genug für uns, dem weißen Gold ein eigenes Kapitel zu widmen und Milchbäuerin Isabella Übertsberger zu treffen.

Ein romantischer Anblick: Kühe, die in wunderschöner Umgebung auf der Weide grasen und sich durch nichts aus der Ruhe bringen lassen. Verantwortlich für dieses hübsche Motiv ist Isabella Übertsberger, die sich schon seit ihrer Kindheit mit den stattlichen Tieren und deren Milch beschäftigt. Sie kennt ihre 100 Kühe beim Namen und spricht sie auch so an. Wenn ihre Freunde im Sommer am See liegen, bringt sie das Heu ein, und überhaupt ist ihr Beruf ihre Leidenschaft. Auf unsere Frage, was sie an den Kühen so fasziniert, erzählt sie uns von deren Intelligenz und ihrer eigenen Überzeugung von der biologischen Haltung, die den Tieren 365 Tage im Jahr Freilauf zusichert.

WIE ENTSTEHT BIO-HEUMILCH?

Neben der Freilandhaltung ist die Fütterung ausschlaggebend: Die Tiere bekommen frisches Gras, Heu und Heublumen sowie etwas Bio-Getreide. Auf gärendes Silofutter wird verzichtet. Dafür kann auch in der Molkerei auf hochtechnologische Prozesse verzichtet werden – bevor die Milch in die Packung kommt, wird sie nur pasteurisiert und schonend homogenisiert, damit die Inhaltsstoffe erhalten bleiben. Und das Beste daran: Heuwirtschaft wirkt sich auch positiv auf die Natur aus, das Mähen und Weiden fördert nämlich die Artenvielfalt.

TIPPS FÜR DIE LAGERUNG VON MILCH UND MILCHPRODUKTEN

- Milchprodukte sind licht- und wärmeempfindlich, daher sollten sie kühl und dunkel aufbewahrt werden.
- Man sollte immer seine Augen und Geschmacksnerven dazu nutzen um festzustellen, ob man das Lebensmittel noch verwenden kann.
- Schlagobers und Joghurt halten oft noch weit über das angegebene Datum hinaus.
- Gefäße, die zur Aufbewahrung verwendet werden, sollen gut verschlossen sein, um Fremdgerüche zu vermeiden.
- Butter kann eingefroren und so ca. sechs bis zehn Monate aufbewahrt werden.

Übrigens lässt sich Butter auch ganz leicht selbst herstellen, am besten besorgt mal sich gutes Schlagobers vom Bauern, lässt es ca. 24 Stunden bei Zimmertemperatur stehen und schlägt es dann im Standmixer oder in der Küchenmaschine durch. Sobald sich deutliche Klümpchen bilden, die Maschine auf eine langsamere Stufe drehen. Nach einer Weile trennt sich die Butter von der Buttermilch. Sobald die Klumpen fest genug sind, kann man die Buttermilch durch ein Sieb abgießen und kühl stellen. Anschließend muss die Butter in eiskaltem Wasser gewaschen werden. Das Wasser so lange wechseln, bis es beim Waschen nicht mehr trüb wird. Die Butter kann dann, gründlich geknetet und in Klumpen geformt, im Kühlschrank ca. 1–2 Tage aufbewahrt werden. Um die Butter länger haltbar zu machen, sollte das Schlagobers vor der Zubereitung pasteurisiert (kurzzeitig auf über 75 °C erhitzt) werden.

» Kühe sind intelligent. «

www.janatuerlich.at

BUTTERMILCHBROT

Man nehme

für 2 Stück (zu je 500 g):

Vorteig:

170 g	Weizenmehl 700
170 ml	Wasser
6 g	frische Hefe

Hauptteig:

Vorteig

400 g	Weizenmehl 700
170 ml	Buttermilch
50 g	Butter
25 g	Zucker
10 g	frische Hefe
10 g	Salz

Die Vorteigzutaten von Hand verrühren und im Kühlschrank 24–48 Stunden reifen lassen.
Den Vorteig mit allen restlichen Zutaten (bis auf Salz) 10 Minuten mit der Küchenmaschine auf niedriger Stufe verrühren. Danach langsam das Salz beimengen. Den Hauptteig zu einem glatten, straffen und dehnbaren Teig kneten. Die Teigtemperatur sollte bei etwa 24–26 °C liegen.

Den Hauptteig für 60 Minuten bei Raumtemperatur ruhen lassen. Danach den Teig halbieren, zu zwei Kugeln formen und weitere 20 Minuten zugedeckt ruhen lassen. Die Kugeln noch einmal einklappen und anschließend in eine längliche Backform geben. Noch einmal für 50 Minuten abgedeckt ruhen lassen.

Die Brote im vorgeheizten Ofen bei 225 °C ca. 25–30 Minuten backen. Danach aus der Form geben und abermals für 5–10 Minuten backen, dabei darauf achten, dass die Brote nicht zu dunkel werden.

Danke an Georg Öfferl für das Rezept.

KNISH MIT SCHOKO-MASCARPONE

Man nehme

für 6 Stück:

1 Packung Blätterteig
18 Stückchen Vollmilchschokolade
6 EL Mascarpone
6 TL Erdnussbutter
1 Ei

Knish ist eigentlich ein pikantes jüdisches Street Food. Eigentlich. Wir haben das Gericht neu interpretiert und mit Schokolade und Mascarpone gefüllt. Traumhaft!

Den Backofen auf 180°C (Ober-/Unterhitze) vorheizen und ein Backblech mit Backpapier auslegen. Blätterteig ausrollen und in 6 gleich große Rechtecke schneiden. In die Mitte jeweils 1 EL Mascarpone geben. 3 Stk. Vollmilchschokolade und Erdnussbutter als Abschluss draufsetzen. Nun alles als Päckchen einschlagen (die Ecken nach oben schlagen und gut verschließen) und auf das Backblech setzen. Ei mit einer Gabel verquirlen und die Blätterteigpäckchen damit einpinseln.

Für 15 Minuten in den Backofen geben. Vor dem Servieren mit Staubzucker bestäuben.

Tipp

DIE SCHOKOLADE KANN AUCH DURCH FRISCHE BEEREN ERSETZT WERDEN.

WARMER MILCHREIS

MIT RHABARBERKOMPOTT

Man nehme

für 4 Portionen:

1 l Milch
500 g Rhabarber
250 g Risottoreis
5 EL Zucker
1 Vanilleschote
1 Prise Salz
1 Prise Kardamom
Staubzucker zum Süßen

Wir kochen im Frühjahr immer gleich für das ganze Jahr Rhabarberkompott ein, damit wir auch im Herbst und Winter nicht darauf verzichten müssen.

Rhabarber waschen und fein würfeln. In einen Topf geben, den Deckel draufsetzen und langsam erhitzen. Sobald er köchelt, verliert der Rhabarber Wasser. Zu diesem Zeitpunkt Zucker dazugeben und mindestens 10 Minuten köcheln lassen. Mit Kardamom verfeinern und – je nachdem, wie sauer man es mag – noch etwas nachsüßen.
Risottoreis mit der kalten Milch erhitzen und einmal aufkochen lassen. Mark der Vanilleschote und Salz dazugeben und leicht köcheln lassen, dabei immer wieder umrühren, bis die Milch eingekocht und der Reis gar ist. Mit etwas Staubzucker abschmecken und noch warm mit Kompott servieren.

LEMON CURD

Man nehme

für 2 Portionen:

150 ml Joghurt (3,5%)
70 g weißer Zucker
50 g flüssige Butter
4 EL Müsli
1 EL Speisestärke
2 Eier
Saft von 2 Zitronen
Mandelstifte

Was macht denn das Lemon Curd im Kapitel Milch? Nun, wir brauchen viel Butter, damit das Curd schön cremig wird ... und Butter wird ja bekanntlich aus Milch gemacht.

Eier in eine Metallschüssel schlagen und schaumig rühren. Einen Topf mit etwas Wasser erhitzen, die Topfgröße so wählen, dass man die Metallschüssel darauf platzieren kann. Wenn das Wasser heiß ist (aber nicht kocht), die Schüssel draufsetzen und weiter schlagen. Zitronensaft und Zucker dazugeben und 10 Minuten unter ständigem Rühren erhitzen. Die Masse darf dabei nicht zu heiß werden, da die Eier sonst stocken.

Anschließend Butter und Speisestärke dazugeben, die Schüssel vom Wasserbad nehmen und die Masse so lange schlagen, bis ein cremiges Lemon Curd entsteht.

Abwechselnd mit Müsli und Joghurt in kleine Gläser schichten, am Schluss mit einigen Mandelstiften garnieren.

BREAKFAST-TARTE

Den ganzen Tag frühstücken – ein Traum! Früher oder später hat man dann auch richtig Gusto auf was Süßes, da kommt unsere frische Joghurt-Früchte-Tarte genau richtig.

Man nehme

für 2 Formen (je 20 x 8 cm):

1 Dinkel-Blätterteig, ca. 30 x 15 cm
100 g Mascarpone
150 g Joghurt, natur
5 EL Staubzucker
2 Handvoll Linsen
2 Handvoll Früchte der Saison
½ Zitrone
Staubzucker als Deko

Den Backofen auf 180 °C (Ober-/Unterhitze) vorheizen. Eine längliche Tarteform mit etwas Butter ausstreichen und den Dinkel-Blätterteig in die Form geben, sodass auch der Rand gut bedeckt ist. Den Boden mit einer Gabel einstechen und mit Linsen bedecken. Dieser Vorgang wird „Blindbacken" genannt, die Linsen helfen hierbei, dass der Teig am Boden nicht aufgeht und man die Tarte nachher füllen kann.
Während der Teig für 12 Minuten im Ofen ist, die saisonalen Früchte waschen und klein schneiden. Wir haben uns für einen frischen Beeren-Mix entschieden. Mascarpone mit Joghurt, Zitronensaft und Staubzucker vermengen und zu einer homogenen Masse rühren.

Die fertig gebackene Blätterteig-Tarte aus dem Ofen nehmen und abkühlen lassen. Anschließend mit der Joghurtcreme füllen, Früchte darauf geben und mit etwas Staubzucker abrunden.

Tipp
GUTEN BLÄTTERTEIG GIBT ES AUCH FERTIG IM KÜHLREGAL.

PIMP MY BUTTER

Im Kapitel Milch darf natürlich eine gut gewürzte Butter nicht fehlen. Aus einem Stück Butter machen wir dreierlei Varianten.

Man nehme

für je ca. 83 g Butter:

250 g Butter, gedrittelt, zimmerwarm
1 TL gehackter Basilikum
2 EL Olivenöl
2 EL Thymian, gehackt
3 EL Fleur de Sel
1 Handvoll Rucola
8 eingelegte getrocknete Tomaten
1 frische Chilischote
1 Bio-Zitrone

RUCOLA-BUTTER:

Rucola mit Basilikum und Olivenöl zu einer homogenen Masse pürieren. Ein Drittel der Butter mit der Rucola-Creme gut vermischen und 1 EL Fleur de Sel dazugeben. In einen Metallring pressen und für 1 Stunde im Kühlschrank fest werden lassen.

TOMATEN-BUTTER:

Eingelegte getrocknete Tomaten mit der Chilischote fein hacken. Ein Drittel der Butter mit der Tomaten-Chili-Mischung vermengen und 1 EL Fleur de Sel dazugeben. In einen Metallring pressen und für 1 Stunde im Kühlschrank fest werden lassen.

ZITRONEN-BUTTER:

Die zum Verzehr geeignete Schale einer Bio-Zitrone abreiben. Zitrone halbieren und den Saft zum Abrieb dazugeben. Mit dem gehackten Thymian und einem Drittel der Butter gut vermischen, 1 EL Fleur de Sel dazugeben. In einen Metallring pressen und für 1 Stunde im Kühlschrank fest werden lassen.

Tipp

PASST WUNDERBAR ZU UNSEREM FRISCH GEBACKENEN SAUERTEIGBROT VON SEITE 16.

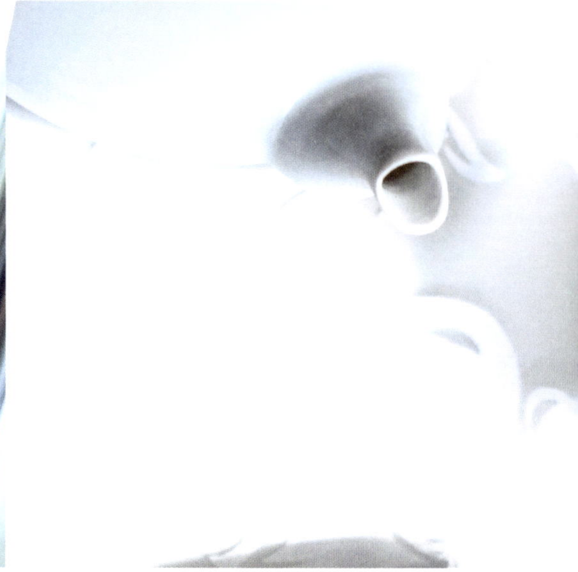

TEE

Für uns gehört ein „Heißgetränk“ zu jedem Frühstück, und auch wenn wir alle vier Kaffeefans sind, sind wir immer bereit für einen Blick über den Tassenrand. Und es hat sich gelohnt.

Da wir uns im Land des Tees nicht besonders gut auskennen, haben wir Eva Horvath im „Teesalon“ besucht. Die leidenschaftliche Tee-Expertin hat bisher über 2.000 verschiedene Teesorten verkostet und daher jede Menge Wissen & Tipps für uns auf Lager.

DIE UNTERSCHIEDLICHEN TEESORTEN UND DEREN ERNTE

Die unterschiedlichen Teesorten entstehen aus Blättern ein und derselben Pflanze, die zunächst einen weißen Flaum aufweisen. Danach werden sie im Reifeprozess gelb. Die nächste Stufe sind grüne Blätter, gefolgt von Oolong, bei dem die Blätter beginnen sich aufzurollen, und in der letzten Stufe des Prozesses werden die Teeblätter schwarz.

Die in Europa bekanntesten Teesorten sind die nach ihren Anbaugebieten benannten Schwarztee-Sorten Assam, Ceylon und Darjeeling.

GRÜNER TEE VS. SCHWARZER TEE

Bis zur Ernte ist also Tee einfach Tee. Erst nach dem Pflücken der Blätter werden Schwarzer Tee und Grüner Tee verschiedenartig verarbeitet. Schwarztee entsteht durch Fermentation und Oxidation, Grüntee wird dagegen nur gedämpft. In China sagt man, dass Grüner Tee sogar vier Mal aufgegossen werden kann: Seine Wirkung pro Aufguss verändert sich vom frischen, belebenden Aroma bis hin zum Aufguss für die Entspannung.

KRÄUTER- & FRÜCHTETEES

Korrekterweise würde ein Kräuter-, Früchte- oder Rooibostee „Infusion“ heißen. Bei Früchtetee darauf achten, dass ganze Früchte erkennbar sind. Je homogener die Mischung in der Größe der Stücke (nicht zu groß), desto hochwertiger die Früchtemischung.

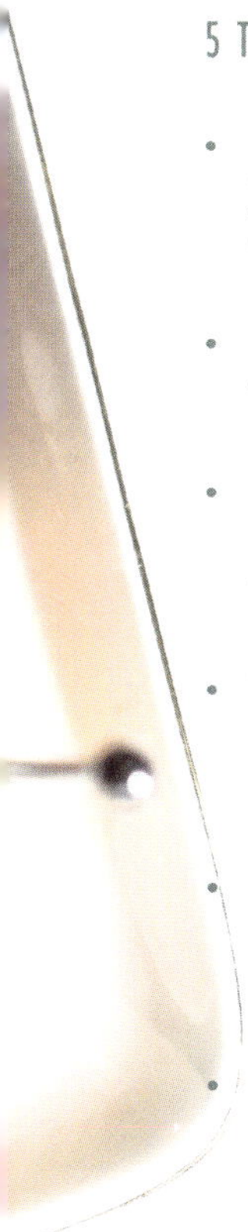

5 TIPPS FÜR DIE TEEZUBEREITUNG

- Die richtige Wassertemperatur ist entscheidend: je nach Qualität des Grüntees zwischen 60 °C (sehr hochwertig) und 100 °C.
- Schwarztee und alle teeähnlichen Aufgussgetränke werden ebenfalls mit 100 °C überbrüht.
- Utensilien, die man haben sollte: einen Teemesslöffel und ein feines Sieb bzw. einen Teefilter (statt dem allseits bekannten Tee-Ei)
- Tee hält sich ca. 1,5 bis zwei Jahre, wenn er frisch und lose gekauft und in der Verpackung in einer gut verschlossenen Dose aufbewahrt wird.
- Feuchtigkeit und Gerüche sind für die Teeaufbewahrung gar nicht gut: Tee lässt sich sehr leicht von Umgebungsgerüchen aromatisieren.
- Beim Aufgießen unbedingt riechen, denn in diesem Moment treten die feinen ätherischen Öle aus.

ZIEHZEITEN

Schwarztee sollte 3 Minuten ziehen. In diesen 3 Minuten werden alle guten Wirkstoffe des Tees gelöst, danach werden die Gerbstoffe ausgeschwemmt und die Wirkung des Teeins wird verzögert.

Grüner Tee	je nach Sorte 1–3 Minuten
Weißer Tee	je nach Sorte 2–7 Minuten
Kräutertees	je nach Sorte 5–8 Minuten
Roiboos-Tee	5 Minuten
Früchtetee	10–12 Minuten

Tee ist ein komplexes, aber unendlich spannendes Thema – in Zukunft werden wir unserem zweitliebsten Frühstücksgetränk ein bisschen mehr Respekt entgegenbringen.

www.teesalon.at

KÄSE

Robert Paget macht seit mehr als 30 Jahren Käse. Früher nur aus Ziegenmilch, seit nunmehr zwölf Jahren auch aus Milch von Wasserbüffeln. Und damit hat er eine Nische gefunden, mit der er in Österreich nach wie vor einzigartig ist.

Auf seinen 14 Hektar Nutzfläche leben derzeit zehn Büffel und 35 Ziegen, die Anzahl der Tiere auf dem Hof bleibt stabil. Denn vergrößern möchte sich Robert Paget nicht, obwohl seitens der Konsumenten große Nachfrage besteht und somit Bedarf vorhanden wäre – er konzentriert sich lieber auf sein Handwerk und produziert weiter ausgezeichnete Qualität, die bei einem größeren Betrieb wahrscheinlich nicht zu halten wäre.

» Käse in einer Käseglocke aufzubewahren, ist eine schräge Idee. «

Die Herstellung von Käse aus Kuhmilch kam für Robert Paget übrigens nie infrage. Er braucht und schätzt die Herausforderung, die Büffel- und auch Ziegenmilch mit sich bringen. Durch den hohen Fettgehalt ist für die Verarbeitung von Büffelmilch viel Erfahrung und Know-how notwendig, das er sich selbst erst monatelang akribisch erarbeiten musste. Mit Erfolg, denn seine Käsesorten aus Ziegen- und Büffelmilch (Mozzarella, Camembert, Blauschimmelkäse, Taleggio und Ricotta), denen er auch viel Zeit für die Entwicklung des perfekten Geschmacks gibt, sind äußerst beliebt und nicht nur in seinem Hofladen erhältlich, er beliefert auch verschiedene Delikatessengeschäfte und die Spitzengastronomie.

TIPPS VOM PROFI

Robert Paget hat uns noch ein paar Tipps mit auf den Weg gegeben, wie Käse länger frisch bleibt und wie man ihn sogar zu Hause selber herstellen kann.

LAGERUNG

Produkte direkt vom Käser sollte man immer in dem Papier aufbewahren, in dem sie verpackt waren, niemals in Plastikbehältnissen oder Käseglocken. In Plastik schwitzt der Käse

und kann auch Gerüche annehmen. Die Käseglocke eignet sich gut als Geruchsschutz und zur Präsentation am Tisch, aber nicht zur Lagerung.

Käse sollte vor dem Verzehr immer Zimmertemperatur haben, damit sich der Geschmack voll entfalten kann. Camembert sollte mindestens 2 Stunden vor dem Genuss aus dem Kühlschrank genommen werden, ältere und trockenere Sorten, wie z. B. Taleggio, sogar schon 1–2 Tage vorher. Frischkäse, Mozzarella und Ricotta können bis kurz vor dem Verzehr im Kühlschrank bleiben.

HALTBARKEIT

Frischkäse direkt vom Käser hält sich 3–5 Tage im Kühlschrank, ebenso Mozzarella in der Molke, obwohl die enthaltene Milchsäure laufend an Kraft verliert und der Geschmack so auch entsprechend abnimmt. Camembert hingegen hält sich wochenlang und wird dabei auch immer intensiver, weicher und dunkler. Wer das verhindern möchte, kann ihn, wie Bergkäse, auch gut einschweißen, am besten aber schmeckt er immer noch, wenn er reif ist.

» Ohne Leidenschaft geht es nicht. «

KÄSE ZU HAUSE HERSTELLEN

Gereiften Käse herzustellen, ist schwierig, denn dafür benötigt man einen klimatisierten Reifeschrank, also kauft man ihn besser beim Profi. Frischkäse aber kann man auch selber zu Hause produzieren, Voraussetzung dafür ist allerdings beste Milch vom Bauern (ohne Silofütterung), die auch nicht pasteurisiert sein darf, sonst müsste man Kalziumchlorit zuführen – und dafür braucht man nicht nur ein Rezept, sondern vor allem auch das Fachwissen. Ansonsten benötigt man normale Küchenutensilien wie Schöpfer und Messer, evtl. zusätzliche Milchsäurebakterien (im Handel) oder saure Milch für höchste Qualität und Lab (in Apotheken erhältlich).

www.bufala-connection.at

MANGO UND MOZZARELLA

Man nehme

für 2 Portionen:

1 reife Mango
1 Stk. Büffelmozzarella
1 kleine Schalotte
3 EL weißer Balsamico-Essig
3 EL Olivenöl
Fleur de Sel
Pfeffer

Die typische Kombi Tomate und Mozzarella kennt jeder. Wir interpretieren das Ganze neu und kombinieren Büffelmozzarella mit süßer Mango und der Säure von weißem Balsamico-Essig.

Mango schälen und in Scheiben schneiden, Büffelmozzarella und Schalotte ebenfalls in dünne Scheiben schneiden. Auf einem Teller die drei Komponenten anrichten. Balsamico-Essig und Olivenöl drübergeben und mit Fleur de Sel und Pfeffer würzen.

Tipp

SCHMECKT AUCH HERRLICH MIT REIFEN MARILLEN!

MINI CHEESECAKES

Man nehme

Das macht Eindruck, so viel können wir versprechen!
Und einfach ist es auch noch!

für 4 Stück:

Der Mürbteig:
150 g Mehl
100 g Butter
50 g Staubzucker
1 Prise Salz
1 Ei

Die Creme:
500 g Frischkäse
150 g gemischte Beeren (Himbeeren, Erdbeeren, Ribisel)
100 g Staubzucker
250 ml Schlagobers
1 Vanilleschote
6 Blatt Gelatine
Saft von 1 Zitrone

Für den Mürbteig die weiche Butter mit Staubzucker, Salz, Ei und Mehl zu einem glatten Teig kneten. In Frischhaltefolie einwickeln und 1 Stunde kalt stellen. Anschließend mit einem Nudelholz dünn ausrollen und 4 gleich große Kreise ausstechen (Durchmesser ca. 8 cm). Wir haben hierfür hohe Ringe verwendet, die auch backofengeeignet sind. Den Teig in diesen Ringen lassen und auf ein Blech stellen. Im vorgeheizten Backofen (200 °C, Ober-/Unterhitze) 7 Minuten backen, bis der Teig durchgebacken ist.

Frischkäse mit gesiebtem Staubzucker, Mark der Vanilleschote und Zitronensaft vermengen. Gelatine in etwas lauwarmes Wasser einlegen und auflösen, anschließend zur Frischkäsecreme dazugeben und gut verrühren. Schlagobers steif schlagen und unter die Masse geben. Die Hälfte der Creme in eine zweite Schüssel füllen und die gemischten Beeren dazugeben. Mit einem Pürierstab zu einer homogenen Masse pürieren.

Die Formen mit dem Mürbteigboden zur Hälfte mit der Frischkäsemasse und zur anderen Hälfte mit der Beerencreme auffüllen und mindestens 3 Stunden in das Gefrierfach stellen.

Vor dem Servieren mit einigen Beeren und Staubzucker garnieren.

GEROLLTE KÄSEPFANNKUCHEN

Man nehme

für 2 Stück:

150 g Weizenmehl
150 g Büffelcamembert
140 g aufgeschnittener Beinschinken
25 ml lauwarme Milch
Mineralwasser
1 EL gehackter Kerbel
2 EL Marillensenf
2 Eier
2 Handvoll Jungspinat
1 Prise Salz
Pfeffer

Für den Teig gesiebtes Mehl mit Salz vermischen. Milch und Eier unterheben und so lange Wasser dazugeben, bis eine homogene, nicht zu flüssige Masse entsteht. Mit etwas Pfeffer würzen.

Eine beschichtete Pfanne erhitzen, darin einen Teelöffel Butter schmelzen und nacheinander zwei Pfannkuchen backen. Den ersten Pfannkuchen auf ein Brett legen und bis zum Rand mit 1 EL Marillensenf bestreichen. Beinschinken flächig darauf verteilen. In Scheiben geschnittenen Büffelcamembert, Spinat und Kerbel draufgeben. Mit etwas Salz und Pfeffer würzen und alles eng einrollen. Das Gleiche mit dem zweiten Pfannkuchen machen.

Die Rollen mithilfe eines scharfen Messers in Scheiben aufschneiden und lauwarm oder kalt servieren.

Tipp

FIXIERT MIT ZAHNSTOCHERN, EIGNET SICH DIESES REZEPT AUCH SUPER FÜR EIN BRUNCH-BUFFET.

ZIEGENKÄSE AUS DEM ROHR

Man nehme

für 1 Pfännchen (ø ca. 20 cm):

250 g Ziegenfrischkäse
100 g Ziegencamembert
1 Prise Muskat
3 EL Honig
Salz, Pfeffer
½ Honigmelone
etwas Kresse

Den Backofen auf 220 °C (Ober-/Unterhitze) vorheizen. In ein ofenfestes Pfännchen Ziegenfrischkäse und Ziegencamembert hineinbröseln. Muskat und Honig untermischen und mit Salz und Pfeffer würzen.
Die Honigmelone entkernen und mithilfe eines Löffels kleine Bällchen ausstechen. Diese in die Käsemasse setzen, mit etwas Honig beträufeln und im Ofen 15 Minuten backen.

Vor dem Servieren mit etwas frischer Kresse garnieren.

Tipp

PASST WUNDERBAR ZU SELBST GEMACHTEM SAUERTEIGBROT: DAS REZEPT IST AUF SEITE 16 ZU FINDEN

KÄSEBROT

Dieses Gericht wollten wir schon immer mal ausprobieren, jetzt sind wir ein klein wenig süchtig danach. Nicht nur als Beilage zum späten Brunch, sondern universal einsetzbar und gerade bei großen Frühstücksgruppen eine tolle Ergänzung!

Man nehme

für 1 Laib Brot:

1 Laib Brot, z. B. Sauerteigbrot
250 g Bergkäse
150 g Mozzarella
10 Scheiben Rohschinken
1 Handvoll gehackter Schnittlauch
1 Handvoll Kresse

Den Backofen auf 220 °C (Ober-Unterhitze) vorheizen. Den ganzen Sauerteigbrot-Laib in Streifen einschneiden – einmal längs und einmal quer entlang, dabei einen Abstand von ca. 2 cm zwischen den Schnitten lassen und nur bis 2/3 hinunterschneiden. Anschließend die Schnittkanten mit Bergkäse, Mozzarella und Schinken füllen, bis der ganze Laib gespickt ist. In Alufolie einwickeln und für 20 Minuten in den Ofen geben. Danach aus der Alufolie wickeln und weitere 10 Minuten backen, bis der Käse zergangen ist.

Vor dem Servieren frisch gehackten Schnittlauch und Kresse drübergeben.

Tipp

DAS SAUERTEIG-REZEPT IST AUF SEITE 16 ZU FINDEN.

KÄSE-AUBERGINE

Man nehme

für 2 Portionen:

3 EL gewürfelter Büffelcamembert
2 EL geriebener Bergkäse
2 EL gewürfelter Taleggio
2 TL Honig
20 ml Joghurt
1 Aubergine
1 Frühlingszwiebel
6 Physalis
2 frische Feigen

Unsere Käse-Aubergine schaut nicht nur super aus, man kann sich hier in Bezug auf die verwendeten Käseprodukte auch ziemlich austoben. Wie wäre es zum Beispiel mit Büffelcamembert, Bergkäse und Taleggio?

Aubergine waschen, halbieren und aushöhlen, sodass noch ein halber Zentimeter Fleisch in der Schale bleibt. Das Ausgehöhlte fein würfeln und mit der gehackten Feige und dem Bergkäse vermengen. Wieder in die Auberginen-Hälften zurückfüllen und mit dem gewürfelten Camembert belegen. Geriebenen Taleggio und Honig drübergeben und im vorgeheizten Backofen (160 °C, Ober-/Unterhitze) 20–25 Minuten backen. Kurz vor dem Servieren mit frisch gehackter Frühlingszwiebel, Physalis und Joghurt garnieren.

WASSERMELONEN-TALEGGIO-SALAT

Man nehme

für 2 Portionen:

250 g Wassermelone
150 g Taleggio
150 g Couscous
200 ml Gemüsebrühe (-suppe)
2 EL Honig
1–2 Chilischoten
2 Handvoll frischer Thymian
Saft von 2 Zitronen
Salz, Pfeffer

Wassermelonensalat kennen wir schon lange, wir lieben aber die Kombination mit würzigem Taleggio und Couscous!

Wassermelone schälen, entkernen und in grobe Stücke würfeln. Taleggio ebenfalls grob würfeln. Gemüsebrühe erhitzen, Couscous damit aufgießen und zugedeckt ziehen lassen, bis der Couscous weich ist. Noch warm mit Melone und Taleggio vermischen. Honig und frischen, gehackten Thymian dazugeben und mit Salz und Pfeffer würzen.

Für die Frische noch Zitronensaft untermischen und – wer es lieber etwas schärfer möchte – noch ein bis zwei fein gehackte Chilischoten dazugeben.

GETREIDE & KORN

Getreide ist ein wichtiger Bestandteil eines gesunden und ausgewogenen Frühstücks. Ob Brot & Gebäck, Müsli und Porridge oder auch süßes Backwerk – ohne Korn und Mehl würde auf unserem Frühstückstisch etwas Wichtiges fehlen. Auch Vielfalt wird wieder mehr geschätzt und wiederentdeckte alte Getreidesorten treten immer mehr aus dem Schatten des lange Zeit übermächtigen Weizens.

Martin Allram ist Demeter-Landwirt mit Leib und Seele. Auf seinen 49 Hektar im Waldviertel produziert und bewahrt er Urgetreidesorten nach biologisch-dynamischen Grundsätzen. Von der Saat bis zur Ernte versteht er seine Arbeit als Dienst an der Erde.

Roggen und Weizen kennen wir alle, Martin Allram hat sich aber den alten Getreidesorten wie z. B. Einkorn und Waldstaude verschrieben, weil diese nicht nur für mehr Geschmack und Bekömmlichkeit stehen, sondern auch für den wertvollen Ackerboden eine positive Wirkung haben. Außerdem ist ihm wichtig, das bäuerliche Handwerk weiterzuführen und die alten Sorten nicht aussterben zu lassen.

» Alte Getreidesorten sind für den Körper bekömmlicher. «

VERWENDUNG

Getreide und Mehl werden in der Küche für viele Speisen verwendet, hier ein paar Empfehlungen:

Dinkel: Brot, Nudeln

Emmer: Vollkorngebäck, Eintopf-Gerichte und Nudeln

Einkorn: Mehlspeisen (z. B. Mürbteigkekse, Gugelhupf, Strudel, Palatschinken), Nudeln

Waldstaude: Brot, Lebkuchen, Nudeln

Roggen: Brot, Nudeln

Weizen: Backen, Brot, Nudeln

Gut zu wissen: Vollkornmehl braucht mehr Zeit zum Quellen als herkömmliche Mehlsorten, da die Flüssigkeit langsamer aufgenommen wird.

LAGERUNG

Getreide ist eigentlich leicht zu lagern, da es eine natürliche Schutzschicht hat, die Feuchtigkeitsdifferenzen ausgleicht. Wichtig ist, dass es trocken gelagert wird, am besten bei konstanter Temperatur unter 20 °C – dann hält es fast ewig.

Getreide soll atmen können und wird daher idealerweise in Papier aufbewahrt. Da dieses allerdings keinen Schutz gegen Motten bietet, empfiehlt Martin Allram einen Glasbehälter mit dichtem Deckel. Auch Mehl lagert man am besten in einem dunkleren Glasbehältnis ohne direkte Sonneneinstrahlung. Vorsicht bei Vollkornmehl: Da hier der Keim mitvermahlen wird, sollte man es nicht länger als sechs Monate lagern, weil das Öl vom Keim dann ranzig wird – das riecht und schmeckt man aber sofort.

ALTERNATIVE ZUBEREITUNG

Urgetreidesorten werden von den Produzenten auch oft an der Oberfläche angeschliffen und können dann wie Reis zubereitet werden, z. B. als Getreidesalat, für Risotto oder Reisauflauf oder als Beilage statt Reis.

www.allramdaham.at

» Die Franzosen sagen, Einkorn ist das feinste Getreide Europas. «

EIER-REIS

Man nehme

für 2 Stück:

400 ml Wasser
200 g Einkornreis
50 g getrocknete Steinpilze
2 EL Butter
4 Radieschen
3 Eier
1 Bund grüner Spargel
1 Msp. Muskat, gerieben
1 TL Kreuzkümmel, gemahlen
Salz, Pfeffer

Der hier verwendete Einkornreis gilt als Urgetreide, dessen Oberfläche angeschliffen wurde, um das Eindringen von Wasser zu erleichtern. Natürlich kann man für unser Rezept auch einen Wildreis verwenden, wir empfehlen aber, den Geschmackstest mit Einkornreis zu machen!

In einem großen Topf den Einkornreis im ausreichend gesalzenen Wasser aufkochen und zugedeckt 7–10 Minuten köcheln lassen. Währenddessen die getrockneten Steinpilze in lauwarmem Wasser 15 Minuten einweichen. Spargel und Radieschen waschen und klein schneiden. Die Butter in einer beschichteten Pfanne erwärmen, den Spargel darin bei mittlerer Temperatur anbraten und 5 Minuten garen lassen. Anschließend Radieschen und Steinpilze dazugeben und mit Kreuzkümmel, Muskat, Salz und Pfeffer abschmecken.

Den fertigen Reis abseihen und unter die Spargel-Radieschen-Mischung rühren. Die Eier in einer kleinen Schüssel verquirlen, in die Pfanne geben und unter ständigem Rühren 3 Minuten anbraten.

Am besten noch warm servieren.

Tipp

WENN MAN ES NOCH HERZHAFTER MÖCHTE, EINFACH ETWAS KÄSE UNTERHEBEN.

BELGISCHE WAFFELN

MIT KIRSCHKOMPOTT

Gibt es etwas Besseres als frische, warme Waffeln zum Frühstück? Eben, deswegen darf dieses Lieblingsrezept im Buch natürlich nicht fehlen.

Man nehme

für 2 Stück:

200 g Sauerkirschen, im Glas
150 g Weizenmehl
50 ml lauwarme Milch
3 EL Staubzucker
2 Eier
1 EL Speisestärke
2 EL brauner Zucker
1 TL Zimt
Wasser

Für das Sauerkirschenkompott verwenden wir gerne Kirschen aus dem Glas, man kann natürlich auch frische nehmen. Diese in einem kleinen Topf (inkl. Saft) erhitzen. Zucker unterrühren und auflösen, anschließend Zimt dazugeben und 4 Minuten bei niedriger Temperatur köcheln lassen. Speisestärke unterrühren, noch eine Minute weiter köcheln, anschließend Hitze abdrehen.

Für den Waffelteig gesiebtes Mehl mit Staubzucker vermischen. Milch und die Eier unterheben und so lange Wasser dazugeben, bis eine homogene, nicht zu flüssige Masse entsteht.

Waffeln im Waffeleisen backen und mit dem warmen Kompott servieren.

Tipp

FÜR SCHOKO-WAFFELN NOCH 2 ESSLÖFFEL KAKAOPULVER UND 1 ESSLÖFFEL NOUGATCREME IN DEN WAFFELTEIG EINRÜHREN.

PORRIDGE

Man nehme

für 2 Portionen:

50 g Haferflocken
20 g Hafermehl
400 ml Milch
100 ml Schlagobers
2 EL Ahornsirup
1 TL Zimt
1 Prise Salz

Früher hat man Haferbrei gesagt, heute heißt es eben Porridge. Ist aber immer noch das Gleiche und schmeckt immer noch gut. Vor allem, wenn man ihn mit frischem Obst serviert.

Milch mit Schlagobers, Sirup, Salz und Zimt aufkochen. Haferflocken und Hafermehl dazugeben und unter ständigem Rühren 15 Minuten quellen lassen.

In der Zwischenzeit etwas frisches Obst vorbereiten und mit dem warmen Porridge servieren.

TASSENKUCHEN

Man nehme

für 2 Portionen (Tasse mit 250 ml):

200 ml Schlagobers
100 g Einkornmehl
30 g Staubzucker
4 EL Kakaopulver
4 EL Nougatcreme
½ TL Backpulver
6 Stk. Nussnougat-Schokolade
2 Eier
Butter
Semmelbrösel

Eine Tasse voll Schokolade. Manchmal braucht es nicht mehr! Und wenn man es ganz perfekt anstellt, haben wir sogar einen flüssigen Kern im Inneren.

Einkornmehl, Staubzucker, Eier, Schlagobers, Kakaopulver, Backpulver und Nougatcreme gut vermengen. Zwei ofenfeste Tassen (wir verwenden hier am liebsten Email-Tassen) mit etwas Butter auspinseln und mit Semmelbröseln ausstreuen. Jeweils die halbe Tasse mit der Mehl-Schoko-Masse anfüllen. In die Mitte jeweils 3 Stk. Schokolade hineingeben und mit der Masse auffüllen. Im vorgeheizten Backofen bei 180 °C (Ober-/Unterhitze) 15 Minuten backen.

POLENTA-TÜRMCHEN

Man nehme

für 6 Stück:

200 g Polentagries
100 ml Schlagobers
250 ml Gemüsebrühe
50 g geriebener Bergkäse
250 ml Topfen
12 Scheiben Salami
1 Frühlingszwiebel
1 Handvoll Kresse
½ reife Birne
Saft von 1 Zitrone
6 TL Feigensenf
½ TL Kümmel, gemahlen
Salz, Pfeffer

Ein wunderbares Rezept für einen ausgiebigen Brunch, das man vorab vorbereiten kann.

Polentagries mit Schlagobers und warmer Gemüsebrühe vermischen und in eine mit Backpapier ausgelegte Ofenform geben. Hierbei sollte die Masse ca. 3 cm hoch sein, somit die Ofenform nicht zu groß wählen (Vorschlag: ca. 20 x 30 cm). Den geriebenen Bergkäse untermengen und im vorgeheizten Backofen (180 °C, Ober-/Unterhitze) 25 Minuten backen. Anschließend herausnehmen und mindestens 1 Stunde abkühlen lassen.

Topfen mit der fein gehackten Frühlingszwiebel, der fein gewürfelten Birne, Kresse, Zitronensaft und Kümmel vermengen und mit Salz und Pfeffer abschmecken.

In einer beschichteten Pfanne die Salamischeiben in etwas Öl kross braten.

Aus der abgekühlten Polentamasse 6 runde Fladen ausstechen. Jeweils etwas Topfencreme draufgeben, mit den gebratenen Salamischeiben abdecken und einen Klecks Feigensenf als Abschluss draufgeben.

Tipp

DIE TOPFENCREME KANN MAN NOCH MIT EINEM SCHUSS WILLIAMSBRAND VERFEINERN.

BULGUR BOWL

Man nehme

für 2 Portionen:

150 g Bulgur
300 ml Gemüsebrühe
200 g Feta-Käse
50 ml Tomatenpesto
2 EL gehackter Dill
2 EL Olivenöl
1 EL Butter
16 schwarze Oliven, entkernt
1 kleine Gurke
1 Avocado
Saft von ½ Zitrone
Kresse
Salz, Pfeffer

Breakfast Bowls sind definitiv einer der neuen Foodtrends, deswegen darf ein Bowl-Rezept natürlich bei uns auch nicht fehlen. Rekonstruiert und nebeneinander geschichtet, macht das Gericht einiges her.

Bulgur in Gemüsebrühe aufkochen und 20 Minuten köcheln lassen, bis er gar ist. Anschließend abgießen, Butter untermischen und mit Zitronensaft würzen. Gurke waschen, nicht schälen und klein würfeln. Mit dem gehackten Dill und Olivenöl vermengen und mit etwas Salz und Pfeffer würzen.

Avocado schälen, entkernen und beide Hälften in dünne Streifen schneiden.

Die einzelnen Komponenten in einer Schale nebeneinander einschichten, mit etwas Kresse dekorieren und entweder in die Mitte des Tisches stellen oder – in kleineren Schalen angerichtet – pro Person servieren.

Tipp

ZUR BOWL KÖNNTE AUCH EINE SCHARFE KOMPONENTE WIE EINE HABANERO-MARMELADE SERVIERT WERDEN.

MÜSLI

Florian Zagler ist ein Mann nach unserem Geschmack, denn sein erstes Wort war „fügücken". Außerdem erzeugt er knuspriges Bio-Müsli in seiner eigenen Müsli-Manufaktur, die ihre Wurzeln in den 80er Jahren im Bioladen seines Vaters hat. Was will man also mehr!

Müsli hat in den letzten Jahren eine Renaissance erlebt und ist vom Frühstückstisch nicht mehr wegzudenken. Wir haben den „Müslibär" getroffen und über die wichtigsten Eigenschaften von Müsli, Qualitätsunterschiede und Müslivorlieben im deutschsprachigen Raum geredet.

INHALTSSTOFFE

Viele Müslis, die es im Supermarkt zu kaufen gibt, sind industriell hergestellt und enthalten neben Zucker unter anderem auch Verdickungsmittel und Konservierungsmittel. Sie werden innerhalb kürzester Zeit in großen Mengen produziert und daher ist meist wenig übrig von den angenommenen guten Nährstoffen, wenn das Müsli in unsere Schüssel kommt. Daher immer einen genauen Blick auf die gekauften Mischungen werfen

» Aus Bronze oder Silber kann niemals Gold werden. «

und nur die auswählen, die ohne zusätzliche Beigaben auskommen. Eine gute Analogie sind für Florian Zagler die Eier. Vergleicht man ein gekochtes Industrie-Ei mit einem wirklich guten Bio-Ei vom glücklichen Huhn, liegen dazwischen einfach Welten: im Geschmack und auch beim Aussehen vom Dotter merkt man es. Beim Müsli verhält es sich ähnlich.

STAUB VS. MÜSLI

Die Qualität eines Mischmüslis zeigt sich auch in dem Moment, in dem es in den Teller geleert wird: Staubt es nämlich, ist es nicht besonders scho-

nend zubereitet worden. Bei industriell hergestelltem Müsli kommen alle Zutaten gleichzeitig in den Ofen und nach dem Kühltunnel auch gleichzeitig wieder heraus, damit spart man sich mehrere Arbeitsschritte. An Geschmacks- bzw. Inhaltsstoffen bleibt so natürlich nur kaum etwas erhalten, daher ist der Zuckeranteil meist hoch. Bei Florian Zagler läuft alles etwas gemächlicher ab und das zahlt sich aus: Die Bestandteile werden per Hand auf die Bleche gegeben und langsam gebacken. Abgekühlt wird mit Raumluft – das dauert oft sogar länger als das Backen selber. Alle Zutaten, die nicht gebacken werden müssen, wie z. B. Früchte, werden erst danach dazugegeben. Nimmt man sich also Zeit für eine sorgsame Herstellung, gibt's am Ende ordentlich was auf den Löffel: nämlich ein rundherum wertvolles Müsli, das großartig schmeckt und schön lang knusprig bleibt!

DIE IDEALE PORTIONSGRÖSSE

Diese kommt natürlich auf den Müsliesser an, aber man kann so mit ca. 70 Gramm Müsli kalkulieren.

UND WELCHES MÜSLI ISST DER MÜSLIBÄR EIGENTLICH?

„Mein persönlicher Favorit ist auf jeden Fall unser Bio-Honig-Müsli und unser Bio-Crunchy-Love. Letzteres wahrscheinlich auch, weil ich es mit meiner Traumfrau gemeinsam kreiert habe und das gar nicht für uns selbst, sondern für die Hochzeit eines eng befreundeten Ehepaares."

www.müslibär.at

OBST

Was man braucht, um das Beste aus seinen Pflanzen hervorzubringen: Liebe, Leidenschaft, Geduld und viel Zeit zum Tüfteln.

Tristan Toé bewirtschaftet das Paradies. So fühlt es sich jedenfalls an, wenn man zum gebürtigen Malier, fährt – eine Straße, die ins Nirgendwo führt und einen doch schnell ankommen lässt. Einige Felder, Gewächshäuser, viel Kunst in der Natur und eine leidenschaftliche Familie, die liebt und lebt, was ihnen wichtig ist. Wir haben unsere Stunden bei ihm für einen ausgedehnten Spaziergang zu Erdbeeren, Stachelbeeren, Obstbäumen und vielen andere Pflanzen genutzt und ihn ausführlich dazu befragt, wie Konsumenten lernen können, wieder saisonal sinnvoll einzukaufen.

REGIONALITÄT

Das Beziehen von regionalen Produkten und im besten Fall der persönlichen Kontakt sowie das Gespräch mit dem Produzenten führen dazu, dass Menschen lernen, wann die richtige Zeit für welches Obst gekommen ist und welche klimatischen Voraussetzungen nötig sind.

GESCHMACK

Konsumenten können durch Geschmack und Qualität von der Saisonalität überzeugt werden – da ist sich Tristan sicher. Die richtig gereiften Erdbeeren etwa sind nicht vergleichbar mit unreif geernteten Früchten. Schon die Vielfalt an Sorten bei nur einer Kultur ist unglaublich – so schmeckt beispielsweise jede Himbeersorte anders und sieht anders aus.

BIOLOGISCH

Bio bedeutet für die Natur und für Konsumenten eine Garantie der Einhaltung gewisser Mindeststandards. Bio sollte aber nicht nur naturschonend, sondern auch naturerhaltend sein und die Lebensqualität für Pflanzen bzw. Menschen nachhaltig verbessern.

RICHTIGE LAGERUNG VON BEEREN UND ÄPFELN

Beeren reifen nicht nach – sie entwickeln also nach der Ernte keinen Geschmack mehr, weshalb viele Beeren aus dem Supermarkt oft nach nichts schmecken.

Beeren sollten schnell verbraucht und genossen werden. Maximal drei Tage können sie kühl, trocken und dunkel aufbewahrt werden. Es empfiehlt sich, davor verletzte Früchte auszusortieren bzw. die Beeren einlagig, also nicht aufeinanderliegend, zu „lagern“.

Äpfel sind sehr gut lagerfähig – am besten kühl und dunkel lagern, aber keinesfalls im Kühlschrank. Oft sind Äpfel, die während des Lagerns etwas zusammengeschrumpft sind, aber keine fauligen Stellen haben, nicht schlecht, sondern haben nur Wasser verloren – das Aroma ist dann oft konzentriert. Sie können für gewöhnlich noch gegessen werden.

www.biosain.at

BANANENBROT

Man nehme

für 1 Kastenform:

150 g Weizenmehl
100 g Vollkornmehl
100 g gehackte Haselnüsse
80 g Staubzucker
60 g Butter
50 g Joghurt
40 ml Buttermilch
4 reife Bananen
Semmelbrösel
Schokoladeglasur

Schmeckt warm, schmeckt kalt, schmeckt auch noch am nächsten Tag!

Für den Teig gesiebtes Mehl mit flüssiger Butter, Staubzucker, Joghurt und Buttermilch vermengen. Bananen schälen, kleine Stückchen abreißen und zur Mehlmischung dazugeben. Die gehackten Haselnüsse unterheben und alles gut vermengen. Die Kastenform mit etwas Butter ausstreichen und mit Semmelbröseln ausstreuen.

Den Teig einfüllen und im vorgeheizten Backofen bei 180 °C (Ober-/Unterhitze) 35–40 Minuten backen.

Anschließend aus dem Ofen nehmen, kurz abkühlen lassen und mit Schokoladeglasur und Haselnüssen garnieren.

Tipp

WIR HABEN NICHT EINE GROSSE, SONDERN VIER KLEINE KASTENFÖRMCHEN VERWENDET.

FRENCH ROLLS

Man nehme

für 6 Stück:

200 g Mascarpone
50 g Staubzucker
20 g Zucker
2 EL Butter
1 EL Zimt
6 Scheiben Toastbrot
20 Erdbeeren
1 Bio-Zitrone, Schalenabrieb
2 Eier

French Toast kann jeder, wir machen French Rolls. Kombiniert mit frischen Erdbeeren kann man davon definitiv nicht genug bekommen!

Die Toastbrotscheiben mit einem Nudelholz flach walzen. Mascarpone mit Zitronenschale und Staubzucker vermengen und auf die Scheiben streichen.

Erdbeeren waschen, putzen und in Viertel schneiden, auf der Mascarpone-Creme verteilen und das Brot einrollen. Eier verquirlen und die Rollen darin eintunken. Anschließend in der Zimt-Zucker-Mischung wälzen.

In einer beschichteten Pfanne etwas Butter erwärmen und die Rollen darin von allen Seiten knusprig anbraten.

Am besten noch ganz warm essen.

Tipp

DIE FÜLLE SCHMECKT NICHT NUR MIT ERDBEEREN, GENERELL KANN JEDES KLEIN GESCHNITTENE OBST VERWENDET WERDEN.

RHABARBER-ERDBEER-CRUMBLE

Man nehme

für 1 Ofenform (ca. 20 x 30 cm):

1 kg Rhabarber
300 g Erdbeeren
150 g brauner Zucker
100 g weißer Zucker
150 g Mehl
200 g kalte Butter
1 Vanilleschote
1 Bio-Zitrone, Schalenabrieb
1 TL Kardamom
Butter zum Ausstreichen der Form
Semmelbrösel

Den Backofen auf 180 °C (Ober-/Unterhitze) vorheizen. Rhabarber und Erdbeeren waschen, schälen und in ca. 1 cm große Würfel schneiden. Die Ofenform mit Butter ausstreichen und mit Semmelbröseln ausstreuen. Die Rhabarber- und Erdbeerwürfel mit Zucker vermengen und in die Form geben. 15 Minuten im Ofen backen.

Mehl mit Staubzucker, Mark der Vanilleschote, Kardamom und Schalenabrieb der Zitrone vermengen. Butter in kleine Stücke reißen und in die Mehlmischung einkneten, sodass kleine Streusel entstehen.

Rhabarber-Erdbeer-Mischung aus dem Ofen holen, mit dem Butter-Mehl-Streusel bestreuen und für weitere 25 Minuten in den Ofen geben.

Noch warm genießen.

MANGO-LASSI VS. GREEN SMOOTHIE

Man nehme

für je 1 Portion:

Mango-Lassi:
½ reife Mango
150 ml Joghurt
1 EL Honig
1 EL Staubzucker
1 TL gemahlener Kardamom

Green Smoothie:
1 Handvoll Spinat
1 Banane
½ grüner Apfel
1 Handvoll Vogerlsalat
2 cm Ingwer ohne Schale
100 ml Mineralwasser
Saft von 1 Zitrone

Alle Zutaten in einen Standmixer geben und gut mixen. Anschließend in große Gläser füllen und mit einem Strohhalm servieren.

Ball

AVOCADO-SCHOKO-CREME

Diese Creme haben wir nicht erfunden und sie ist auch nicht wirklich etwas Neues, aber sie ist einfach so gut, dass sie in unser Buch mit hinein musste!

Man nehme

für 1 Portion:

2 reife Avocados
2 EL Kakaopulver
3 EL Milch
1 EL Honig
1 TL Ahornsirup
1 TL Zimt
1 kleine Chilischote, optional

Avocado schälen, entkernen und in einen Standmixer geben. Kakaopulver, Milch, Honig, Sirup und Zimt dazugeben und alles so lange mixen, bis eine homogene Masse entsteht. Optional eine kleine Chilischote mitmixen.

Tipp

SCHMECKT AUF FRISCH GEBACKENEM BROT (SIEHE AB SEITE 10), GARNIERT ZUM BEISPIEL MIT FRISCHEM OBST ... ODER EINFACH PUR.

ERDBEER-SCHNITTE

Man nehme

für 1 Blech:

1 Packung Mürbteig
4 Eier
250 g Erdbeeren
100 g Staubzucker
50 ml Milch
1 Päckchen Vanillezucker
2 EL Ahornsirup

Mürbteig auf ein Blech geben und im vorgeheizten Ofen bei 200 °C (Ober-/Unterhitze) 10 Minuten backen. Die restlichen Zutaten in einen Standmixer geben und zu einer homogenen Masse pürieren.

Erdbeermasse auf den vorgebackenen Mürbteig geben, wieder in den Ofen und 40 Minuten fertig backen.

Kurz abkühlen lassen, dann in Würfel schneiden und mit etwas Staubzucker garnieren.

Tipp

HIER KANN MAN NATÜRLICH DEN MÜRBTEIG AUCH SELBER MACHEN – REZEPT SIEHE SEITE 80.

BEEREN-TARTELETTES

Wir haben uns hier für Beeren entschieden, generell kann man die kleinen Schoko-Tartelettes aber mit jeglichem Obst dekorieren, je nach Saison.

Man nehme

für 6 Stück:

1 Packung Mürbteig
2 Handvoll Linsen
400 ml Schlagobers
250 g Vollmilchschokolade
2 EL Kakaopulver
1 TL Zimt
1 TL Kardamom, gemahlen
Beeren zum Garnieren

Mürbteig ausrollen und in 6 gleich große Rechtecke schneiden. In vorher gebutterte Tartelette-Formen geben und mit einigen Linsen abdecken. Diese verhindern, dass der Mürbteig in der Mitte aufgeht. Im vorgeheizten Ofen (200 °C, Ober-/Unterhitze) 10 Minuten blindbacken.

Vollmilchschokolade über Wasserbad schmelzen und mit dem steif geschlagenen Schlagobers vermischen. Zimt und Kardamom dazugeben und mit Kakaopulver abschmecken.

Die Creme in die gebackenen Mürbteig-Förmchen einfüllen und mit frischen Beeren und etwas Staubzucker garnieren.

Tipp

DAS REZEPT FÜR FRISCHEN MÜRBTEIG IST AUF SEITE 80 ZU FINDEN.

GEMÜSE

Frisches Gemüse ist nicht nur eine farbenfrohe und geschmackliche Bereicherung einzelner Frühstücksgerichte, es schmeckt zum großen Teil auch roh und ist dazu noch kalorienarm. Durch den hohen Gehalt an Ballaststoffen wirkt sich Gemüse positiv auf die Verdauung aus und versorgt den Körper mit vielen wichtigen Vitaminen und Mineralstoffen.

Der Adamah (hebräisch für „Ackerboden, lebendige Erde") Biohof liegt nur 10 km außerhalb von Wien im Marchfeld und ist somit ein attraktiver Standort für Genussmenschen, die hochwertige Produkte aus der Umgebung schätzen. Wem die Anfahrt zum Bioladen aber doch zu weit ist, kann aus über 20 verschiedenen Bio-Kistln wählen, die ganz praktisch wöchentlich nicht nur in Wien und Umgebung, sondern auch bis ins Burgenland, nach Krems und St. Pölten geliefert werden – am beliebtesten sind das Gemüse & Obst Kistl und das Regional-Kistl. Als Gerhard Zoubek 1997 gemeinsam mit seiner Frau Sigrid als Quereinsteiger den Hof der Eltern seiner Frau übernahm und auf Bio-Landwirtschaft umstellte, stieß er anfangs auf Skepsis – ist das Marchfeld doch eine wichtige Adresse für konventionellen Gemüseanbau, vor allem auch für die Tiefkühlindustrie. Aber aus den 2001 noch persönlich ausgelieferten 60 Kistln im Bekanntenkreis sind inzwischen 5.000 Kunden pro Woche geworden, denn Größe und Qualität stehen hier in keinem Widerspruch. 60 Kulturen werden in der eigenen Landwirtschaft angebaut, der Rest wird von anderen Bio-Betrieben bezogen, die persönlich besucht und ausgewählt wurden.

GEMÜSE LAGERN

Da die Luft im Kühlschrank sehr trocken ist, sollten Gemüse und Salate in einem feuchten Tuch oder in einem nicht ganz verschlossenen Kunststoffgefäß gelagert werden, so bleiben sie länger frisch!

Äpfel und Birnen geben viel Ethylen ab und fördern den Reifeprozess mancher Gemüsesorten. Harte Avocados also in eine Schüssel mit Äpfel und/oder Birnen legen, dann werden sie schneller weich.

Bei Kartoffeln verursacht zu kalte Lagerung (unter 3,5 °C) Zuckerakkumulation und sie werden süßlich. Kartoffeln mögen es gerne dunkel.

Kürbisse sind sehr gut lagerfähig; im Herbst geerntete Kürbisse allerdings besser als jene von der Sommerernte.

» Unsere Pflanzen brauchen keine Chemie. «

FOLGENDE GEMÜSESORTEN SOLLTEN NICHT IM KÜHLSCHRANK GELAGERT WERDEN:

- Tomaten (über 12 °C)
- Zucchini (8-12 °C)
- Kürbisse (15 °C)
- Avocados (8–12 °C)

GEMÜSE VERARBEITEN

Viele Bio-Gemüsesorten wie z. B. Karotten, Kartoffeln, Pastinaken und Petersilienwurzeln müssen nicht geschält werden. In und unter der Schale sind nämlich viele Vitamine enthalten, auf die man nicht unnötig verzichten sollte.

Gemüsereste, Spargel- oder auch Zwiebelschalen nicht wegwerfen, sie können für Suppenfonds verwendet werden. Weniger schönes oder welkes Gemüse eignet sich hervorragend zum Mixen, z. B. für gesunde Smoothies.

Auch Kartoffeln mit kleinen Trieben können bedenkenlos verarbeitet werden, das ist nur ein Hinweis, dass sie „lebendig“ sind. Konventionell angebaute Kartoffeln werden oft begast, damit es zu keinem Austrieb kommt.

GEMÜSE ANBAUEN

Für den eigenen Garten oder Balkon empfehlen sich neben verschiedenen Kräutern auch Kürbisgewächse und Salate, weil sie unkompliziert im Anbau sind und auch sicheren Ertrag bringen.

www.adamah.at

KAROTTEN-KÜCHLEIN

Man nehme

für 4 Stück:

5 Karotten
8 Butterkekse
250 g Ricotta
100 g Staubzucker, gesiebt
100 g gemahlene Walnüsse
1 EL Zimt
3 EL weiche Butter
Kokosraspeln als Deko

Butterkekse mit den Fingern ganz fein zerbröseln und mit Butter vermengen.

4 Metallringe (Durchmesser ca. 5 cm) auf einen Teller mit Backpapier geben. Die Butterkeksmischung als Boden in die Ringe drücken.

Karotten schälen und in dünne Fäden raspeln. Mit Ricotta vermischen. Zimt, gemahlene Walnüsse und Staubzucker dazugeben und gut vermengen. Die Creme in die Ringe geben, gut andrücken und mindestens 3 Stunden einfrieren.

Vor dem Servieren mit Kokos- und Karottenraspeln garnieren.

FRÜHSTÜCKS-FLAMMKUCHEN

Man nehme

für 2 Portionen:

250 ml Sauerrahm
80 g Ziegen-camembert
6 Stk. grüner Spargel
2 Flammkuchenböden
2 kleine Schalotten
2 Frühlingszwiebeln
½ kleine Zucchini
1 Handvoll Kresse
Saft von ½ Zitrone

Den Backofen auf 250 °C (Ober-/Unterhitze) vorheizen. Wenn man einen Pizzastein hat, diesen hineinlegen, ansonsten geht das Ganze auch auf einem Backblech, jedoch ohne Backpapier. Pizzastein oder Backblech im Ofen vorheizen.

Spargel und Zucchini waschen. Spargel in kurze Stücke, Zucchini in dünne Scheiben, Schalotte und Frühlingszwiebeln in Ringe schneiden. Sauerrahm mit Zitronensaft mischen und mit Salz und Pfeffer würzen.

Den Flammkuchenteig mit Sauerrahm bestreichen. Zucchini, Spargel, Frühlingszwiebel und den Ziegencamembert in groben Stücken darauf verteilen, Schalotten darüber geben und noch einmal mit Pfeffer würzen.

Nun 5–7 Minuten im Ofen backen, dann herausnehmen und vor dem Servieren die Kresse drüberstreuen.

Tipp

NOCH BESSER WIRD DER FLAMMKUCHEN, WENN MAN IHN AUF EINEM PIZZASTEIN BÄCKT.

GRÜNE QUESADILLAS

Man nehme

für 2 Stück:

300 g Jungspinat
200 g Kichererbsen aus der Dose
1 EL gehackter Rosmarin
1 EL gehackter Oregano
1 EL gehackter Kerbel
3 EL gehackter Basilikum
1 EL gehackte Minze
2 Quesadilla-Fladen
2 kleine Chilischoten
2 kleine Schalotten
20 ml Olivenöl
Saft von 1 Zitrone
Salz, Pfeffer

Alle Zutaten bis auf die Fladen in einen Standmixer geben und zu einer homogenen Masse pürieren. Mit Salz und Pfeffer abschmecken.

In einer unbeschichteten Pfanne einen Fladen erwärmen, umdrehen und eine Hälfte mit reichlich Kräutercreme bestreichen. Noch einmal umdrehen und 3 Minuten erhitzen.

Zum Servieren vierteln und in etwas Butterbrotpapier einschlagen.

Tipp

BUNTGEMISCHTE KRÄUTER DER SAISON VERWENDEN!

ROTE-BETE-BÄLLCHEN

Man nehme

für 10 Stück:

500 ml Sonnenblumenöl
300 g Rote Bete im Glas
200 g Ziegenfrischkäse
150 g Semmelbrösel
150 ml Sauerrahm
3 EL gehackter frischer Estragon
3 cm frischer Kren, geraspelt
1 Prise Muskat
3 Eier
Salz, Pfeffer

Rote Bete abtropfen lassen und abwaschen. In einer Schüssel mit Frischkäse, Estragon und Muskat vermischen. Mit etwas Salz und Pfeffer abschmecken. Kleine, golfballgroße Kugeln formen und auf ein Küchenkrepp legen.

Eier verquirlen und Semmelbrösel in einer zweiten Schüssel bereitstellen.

Die Bällchen jeweils erst im Ei schwenken, anschließend in den Semmelbröseln rollen.

Das Sonnenblumenöl in einem kleinen Topf erhitzen. Sobald es richtig heiß ist, die Bällchen einzeln hineinfallen lassen und rundum frittieren. Allerdings nicht zu lange drinnen lassen, sonst wird die Rote Bete zu durch und verliert ihre Farbe. Herausnehmen und auf einem Küchenkrepp kurz abkühlen lassen.

Sauerrahm mit Kren vermischen und als Dip servieren.

RADIESCHEN-ERBSEN-GAZPACHO

Man nehme

für 2 Portionen:

250 g TK-Erbsen
250 ml Sauerrahm
4 Radieschen
1 Avocado, in Scheiben
1 Handvoll frische Minze
1 TL Kreuzkümmel, gemahlen
Saft von 1 Zitrone
Saft von 1 Limette
Salz, Pfeffer
geröstete Erdnüsse

Ein Gazpacho ist immer ein sehr einfaches Rezept. Man nehme alle Zutaten (bis auf Salz, Pfeffer und Erdnüsse), gebe sie in einen Mixer und püriere alles. Nun noch mit Salz und Pfeffer abschmecken und direkt in kleinen Schalen oder Gläsern anrichten.

Mit den Erdnüssen und einigen Radieschenscheiben garnieren. Fertig.

Tipp

EIN SUPER REZEPT, DAS MAN AUCH SCHON AM VORTAG VORBEREITEN UND IM KÜHLSCHRANK LAGERN KANN.

FRÜHSTÜCKSSALAT

Man nehme

für 2 Portionen:

2 Handvoll Karfiol
2 Handvoll frischer Jungspinat
2 Handvoll (karamellisierte) Macadamianüsse
2 pochierte Eier
1 reife Avocado
2 EL Butter
2 EL Semmelbrösel

Gebratener Karfiol, pochiertes Ei, Avocado, Nüsse – eine perfekte Kombination, um in den Tag zu starten.

Karfiol in kleine Röschen zerteilen. In einem Topf mit ausreichend Salzwasser 15 Minuten kochen. Nach dem Abgießen in einer beschichteten Pfanne Butter erhitzen. Sobald diese flüssig ist, Semmelbrösel dazugeben, vermengen und anschließend den gekochten Karfiol darin schwenken. Für 2 Minuten weiter erhitzen.
Die geschälte und in Scheiben geschnittene Avocado in einer Schale fächern. Etwas Jungspinat, gebratenen Karfiol und Macadamianüsse danebenlegen und oben drauf ein pochiertes Ei setzen. Mit Salz und Pfeffer würzen und noch warm genießen.

Tipp

DAS REZEPT FÜR POCHIERTE EIER IST AUF SEITE 40 ZU FINDEN.

KARTOFFEL-TORTILLA

Man nehme

für 1 Portion:

500 g festkochende Kartoffeln
80 ml Milch
1 rote Paprika
2 Knoblauchzehen
3 Eier
1 Prise Muskat
1 TL Cayennepfeffer
1 TL Kümmel
Thymian
Salz, Pfeffer
Sonnenblumenöl

Kartoffeln waschen, schälen, vierteln und in Salzwasser 10 Minuten gar kochen. Anschließend abgießen und in Scheiben schneiden.

Paprika waschen und in dünne Streifen schneiden, Knoblauchzehen fein hacken.

Milch, Schlagobers, Eier, Muskat, Cayennepfeffer mit etwas frischem Thymian und Kümmel vermengen. Mit Salz und Pfeffer würzen.

Das Öl in einer beschichteten Pfanne erhitzen und die Kartoffelscheiben kurz anbraten. Paprika und Knoblauch dazugeben und mit der Milch-Ei-Masse aufgießen. Hitze reduzieren, Deckel auf die Pfanne geben und langsam stocken lassen. Dies wird ca. 15 Minuten dauern.

Wir essen die Tortilla am liebsten nicht gestürzt direkt aus der Pfanne.

FLEISCH

Edmund Wall hatte eine Vision: ein Hof, auf dem sich alles um alte Tierrassen, biologische Landwirtschaft und artgerechte Tierhaltung dreht.

» Des muass 100 Jahr' halten. «

EDMUND WALL WÄHREND DER BAUPHASE

Vater und Sohn Wall haben diese Vision verwirklicht und nach 10-jähriger Suche nach dem perfekten Ort im Oktober 2015 den einzigartigen Bio-Schaubetrieb „Schwarzbergerhof" eröffnet, der 50 Hektar Land umfasst und unter anderem eine biozertifizierte Metzgerei mit Selch- und Reiferaum, eine Produktionsküche und eine Kochschule sein Eigen nennt. Ein wahres Paradies, das wir natürlich auf unsere Liste setzen mussten, um mehr über Waldviertler Blondvieh, Schwäbisch-Hällische Sattelschweine, Turopolje Weideschweine und Sikawild zu erfahren.

Wir haben viel gelernt: zum Beispiel, dass der Fokus am Schwarzbergerhof darauf liegt, den Nutztieren ein Recht auf ein würdevolles und artgerechtes Leben in freier Natur zu bieten – bis zum letzten Atemzug. Alle Tiere leben dort im Herdenverbund ganzjährig im Freien und werden nach einem überdurchschnittlich langen Leben direkt am Hof – ohne jeglichen Transportstress – geschlachtet. Und das wirkt sich natürlich auf die Fleischqualität aus, die hervorragend ist.

So wenig Stress wie möglich ist also nicht nur ein Zeichen des Respekts dem Tier gegenüber, sondern auch ein Qualitätsmerkmal bei Fleisch. Denn je mehr Stresshormone ausgeschüttet werden, desto höher ist auch der pH-Wert des Fleisches. Das wiederum macht das Fleisch fester, mit dem Ergebnis, dass das Fleisch beim Erhitzen mehr Wasser verliert und trocken wird.

Spannend ist auch die Konzentration auf historische Tierrassen: Diese haben viele Vorteile, wie die besondere

CHRISTIAN WALL UND GUSTAV, DER ZAHME SIKAHIRSCH

»Mensch und Tier müssen respektvoll zusammenleben.«

Eignung für Freilandhaltung, da sie witterungsangepasst sind. Außerdem sind sie sehr robust, widerstandsfähig und brauchen daher so gut wie nie Medikamente. Es würde sich also für viele Betriebe auszahlen, sich wieder intensiver mit den ursprünglichen Rassen einer Region zu befassen!

Natürlich haben wir nicht nur über Tierhaltung und alte Rassen philosophiert, sondern von unserem Besuch am Schwarzbergerhof auch konkrete Tipps mitgebracht, die wir euch nicht vorenthalten wollen:

- Weniger ist mehr: Gute Qualität hat ihren Preis, daher lieber weniger Fleisch in hoher Qualität kaufen und auf Herkunft, Haltung und Fütterung achten bzw. auch darauf, dass es für die Schlachtung keine Transportwege gibt.
- Nose to tail: Wir haben verlernt, das gesamte Tier so zu verarbeiten, dass möglichst wenig Reste bleiben. Daher empfehlen wir den Konsumenten, sich auch wieder über Milz, Herz, Leber und Nieren zu trauen – es zahlt sich aus!
- Fleisch nimmt im Kühlschrank leicht Fremdgerüche an, also am besten in einem Glasgefäß im Kühlschrank lagern.
- Fleisch bei der Vorbereitung zum Kochen immer quer zur Faser schneiden.
- Fett bei der Zubereitung nicht wegschneiden – es dient als Geschmacksträger.

www.schwarzbergerhof.at

BREAKFAST-BURGER

Man nehme

für 4 Stück:

4 kleine Handsemmeln
2 Handvoll frischer Jungspinat
1 reife Avocado
4 EL Sauerrahm
8 Scheiben Beinschinken
Saft von ½ Zitrone

Die Chorizo-Marmelade:

100 g Chorizo
2 kleine Schalotten
1 EL Sonnenblumenöl
3 EL Sherry
4 EL Ahornsirup
1 EL brauner Zucker

Nein, hier wird kein labbriges Burger-Bun verwendet, für unsere Frühstücks-Burger haben wir extra kleine Handsemmeln (Durchmesser ca. 6 cm) gebacken.

Für die (unfassbar gute) Chorizo-Marmelade Schalotten und Chorizo sehr klein würfeln. In einer beschichteten Pfanne Zwiebeln im Öl glasig dünsten, anschließend Chorizo dazugeben und scharf anbraten. Mit Sherry ablöschen, Zucker und Ahornsirup dazugeben und bei niedriger Hitze 10 Minuten einkochen lassen.

Sauerrahm mit Zitronensaft vermischen, Avocado schälen, entkernen, halbieren und in Streifen schneiden.

Die Handsemmeln halbieren und wie folgt (von unten nach oben) belegen: Spinat, Avocadostreifen, Sauerrahm, Beinschinken, Chorizo-Marmelade. Das Ganze mit einem Spieß fixieren und direkt servieren.

Tipp

DAS REZEPT FÜR SELBST GEMACHTE HANDSEMMELN IST AUF SEITE 12 ZU FINDEN.

Das ging
politischen
heimischen
len scheint), die
Studierenden
hochschulen und Unis auf
zu lenken. Derzeit zählen die
15 Prozent der Stu-
Wir geben
unser

ROASTBEEF-SANDWICH

Das Roastbeef:

400 g Roastbeef (Rostbraten)
1 EL Salz
1 TL gemahlener Koriander
½ TL Senfkörner
1 TL schwarzer Pfeffer
1 TL Fenchelsamen
1 TL Senfsamen

Alle Kräuter zusammen in einen Mörser geben und zu einer groben Paste mörsern. Einen Rost auf mittlerer Schiene in den Backofen geben (darunter ein Blech platzieren) und den Ofen auf 140 °C vorheizen (Ober-/Unterhitze).

Das Fleisch schon eine Stunde vorher aus dem Kühlschrank nehmen, abwaschen und mit einem Küchenpapier trocken tupfen. In einer Pfanne mit ein wenig Butter kurz von allen Seiten anbraten, anschließend mit der Kräutermischung einreiben.

Nun den Fühler des digitalen Thermometers in die Mitte des Roastbeefs stechen und das Fleisch in den Backofen geben. Die Zieltemperatur von 52°C eingeben und so lange warten, bis das Thermometer piepst. Wie lange das ungefähr dauert? Nun, ca. 60 Minuten.

Das Fleisch aus dem Ofen nehmen, auf ein Brett setzen und noch 5 Minuten, mit Alufolie abgedeckt, ruhen lassen. Anschließend mit einem scharfen Messer in dünne Scheiben aufschneiden.

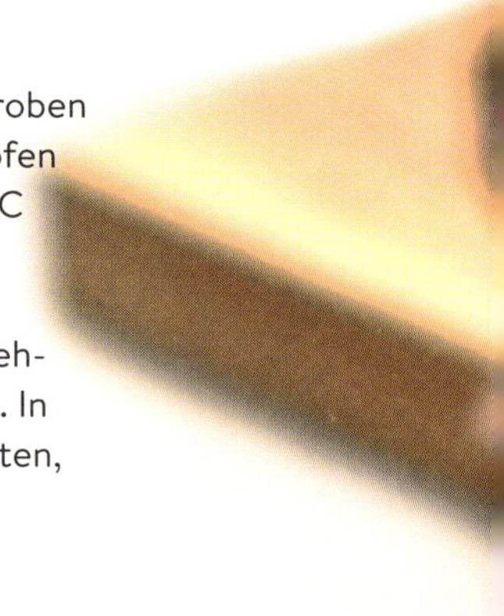

Das Sandwich:

3 Scheiben Weißbrot pro Sandwich
2 Handvoll frischer Rucola
2 Eier
40 ml Sonnenblumenöl
2 EL Trüffelöl
Saft einer ½ Zitrone
Salz, Pfeffer

Für die Mayonnaise Eidotter mit Zitronensaft, Salz und Pfeffer in eine hohe, schlanke Rührschüssel geben. Nun mit einem Stabmixer auf den Grund der Schüssel gehen, einschalten und von unten nach oben mixen. Mit dieser Methode wird die Mayonnaise extrem fluffig aufgeschlagen. Nun in zwei Schritten Pflanzenöl und Trüffelöl hinzugießen und jedes Mal anschließend mit dem Pürierstab durchgehen. Zum Belegen des Sandwiches immer Rucola, dünn aufgeschnittenes Roastbeef und Trüffelmayonnaise stapeln und mit einem Spieß fixieren.

Tipp

DAS REZEPT FÜR UNSER SANDWICHBROT IST AUF SEITE 18 ZU FINDEN.

SPECK & SPIEGELEI

Man nehme

für 6 Stück:

200 g Rucola
50 ml Olivenöl
6 Eier
12 dünne Scheiben Frühstücksspeck
1 Handvoll frische Minze
Saft von 1 Limette
etwas Butter
Salz, Pfeffer

Wir lieben Speck und Spiegelei, jedoch zeigen wir hier mal eine etwas andere Version des Klassikers:

Eine Muffin-Form mit etwas Butter einstreichen. Frühstücksspeck in die Muffin-Mulden legen, dabei erst den Boden mit einer Scheibe bedecken, dann mit einer zweiten den Rand entlang auslegen. In die Mitte jeweils ein Ei setzen. Das Ganze im vorgeheizten Ofen (160 °C, Ober-/Unterhitze) 7 Minuten backen.

Während der Backzeit den gewaschenen Rucola, Minze, Olivenöl und Limettensaft in einen Standmixer geben und mixen. Mit etwas Salz und Pfeffer abschmecken und bei Bedarf noch etwas mehr Limettensaft dazugeben.

Die noch warmen Speck-Eier gemeinsam mit dem Minz-Pesto servieren.

Tipp

DIE EIER NICHT ZU LANGE IM OFEN LASSEN, DAMIT DAS EIDOTTER WEICH BLEIBT.

FULL ENGLISH BREAKFAST

Man nehme

für 2 Personen:

200 g weiße Bohnen aus der Dose
100 g Speck am Stück
250 ml Dosentomaten
1 EL Worcester Sauce
1 EL Butter
1 EL Tomatenmark
3 EL brauner Balsamico-Essig
2 Bratwürste
1 große Zwiebel, fein gehackt
1 Ei
Salz, Pfeffer
Tabasco zum Würzen

Butter in einer Pfanne erhitzen und Zwiebel darin goldbraun anbraten. Gewürfelten Speck dazugeben und 2 Minuten braten, anschließend Bohnen, Dosentomaten, Tomatenmark, Balsamico-Essig und Worcester Sauce dazugeben, gut vermischen und bei niedriger Temperatur 10 Minuten einkochen lassen, dabei immer wieder durchrühren. Mit Salz und Pfeffer abschmecken.

Parallel dazu in einer weiteren Pfanne die Würste und das Spiegelei braten.

Serviert wird alles in einer Pfanne, nachwürzen kann man zum Beispiel noch mit Tabasco.

Tipp

DAZU FRISCH GEBACKENES BROT, ZUM BEISPIEL VON SEITE 18.

SCHINKEN-CROISSANTS

Man nehme

für 6 Stück:

6 Scheiben Kochschinken
1 Packung Croissant-Teig
3 kleine Essiggurken
1 Ei
6 TL süßer Senf
6 TL Frischkäse
bunter Pfeffer, Salz

Wir machen wirklich viel selber, wenn es aber darum geht, gefüllte Croissants zu machen, greifen wir auch gerne auf einen Teig aus dem Kühlregal zurück.

Den Croissant-Teig auspacken und aufrollen. Mit einem scharfen Messer (der kürzeren Seite entlang) in 6 gleich große Dreiecke teilen.

Im Bereich der breiteren Seite des Dreiecks (mit Abstand von 5 mm zum Rand) ca. 2 cm breit mit Senf einstreichen. Darauf eine Scheibe Schinken legen. Auf den Schinken etwas Frischkäse geben, eine halbe, fein gewürfelte Essiggurke darauf und mit buntem Pfeffer und einer Prise Salz würzen.

Beginnend an der breiten Stelle den Teig einrollen, sodass die typische Croissant-Form entsteht. Die Enden etwas zudrücken und auf ein Blech mit Backpapier legen.

Ei mit der Gabel verquirlen und die Croissants damit einpinseln. Im vorgeheizten Backofen (170 °C, Ober-/Unterhitze) 13 Minuten backen und am besten noch warm genießen.

BREAKFAST HOT DOGS

Man nehme

für je 1 Hot Dog:

Hot Dogs zum Frühstück? Was haben wir uns denn dabei gedacht. Aber warum denn eigentlich nicht? Wir interpretieren die beliebten belegten Brötchen einfach mal ein wenig neu und kombinieren sie zum Beispiel mit Rührei, Mango oder Röstzwiebeln. Das perfekte (Kater-)Frühstück? Wir finden ja!

Mango – Chili – Sourcreme:

2 Scheiben Mango
1 Frankfurter
1 Schalotte, in Ringe geschnitten
1 rote Chilischote
4 Blatt Thaibasilikum
4 EL Sauerrahm
Saft von ½ Zitrone
15 cm Baguette

Das Baguette der Länge nach halbieren, jedoch nicht ganz durchschneiden. Die Wurst 5 Minuten in einem Topf mit heißem Wasser erwärmen. Währenddessen den Sauerraum mit Zitronensaft und der fein gehackten Chilischote mischen.

Füllen mit: Sauerrahm, Wurst, Mango, Schalottenringe, Thaibasilikum.

Sauerkraut – Röstzwiebeln – Ei:

40 g Sauerkraut
½ TL Kümmel
1 EL Butter
2 EL Röstzwiebeln
1 Ei
1 Frankfurter
15 cm Baguette

Das Baguette der Länge nach halbieren, jedoch nicht ganz durchschneiden. In einem kleinen Topf Sauerkraut mit Butter und Kümmel erwärmen und 5 Minuten dünsten. In einem weiteren Topf mit heißem Wasser die Wurst 5 Minuten erwärmen. Währenddessen in einer beschichteten Pfanne ein Spiegelei braten.

Füllen mit: Sauerkraut, Wurst, Spiegelei, Röstzwiebeln.

Pilz – Ei – Basilikum:

2 Champignons, in Scheiben geschnitten
2 Eier
1 Frankfurter
10 ml Milch
1 Msp. Muskat
1 TL Apfelkrensenf
1 TL Pflanzenöl
etwas frischer Basilikum
Salz, Pfeffer
15 cm Baguette

Das Baguette der Länge nach halbieren, jedoch nicht ganz durchschneiden. Die Wurst 5 Minuten in einem Topf mit heißem Wasser erwärmen. Eier mit Milch, Salz, Pfeffer und Muskat verquirlen. In einer Pfanne Öl erhitzen und Champignons kurz anbraten. Eiermasse dazugeben und eine Minute warten. Die Eiermasse mit einem Kochlöffel etwas zerkleinern und so lange warten, bis das Ei durch ist.

Füllen mit: Die Hälfte der Pilz-Eierspeise, Wurst, andere Hälfte der Eierspeise, Basilikum, Apfel-Kren-Senf

Tipp

DAS BAGUETTE-REZEPT IST AUF SEITE 28 ZU FINDEN.

GRÖSTL-TACOS

Warum eigentlich nicht mal einen österreichischen Klassiker (Blunzen-Gröstl) in einem kleinen Taco verpacken? Eben.

Man nehme

für 6 Stück:

200 g Blutwurst
200 g festkochende Kartoffeln
150 ml Sauerrahm
6 Stk. Taco Shells
1 Stk. (4 cm) frischer Kren
2 EL Schmalz
1 Schalotte
1 Knoblauchzehe
1 Bio-Zitrone
2 Handvoll frischer Majoran
2 Handvoll Rucola

Kartoffeln waschen, schälen und in Salzwasser bissfest kochen (je nach Größe ca. 15–25 Minuten), abschrecken und beiseitestellen. Blunzen enthäuten, in dünne Scheiben schneiden und von beiden Seiten mit Mehl bestäuben. Auf einem Teller beiseitestellen. Schalotte und Knoblauch fein würfeln.

Die bissfesten Kartoffeln in kleine Scheiben schneiden (in etwa so groß wie die Blunzenstücke). Schmalz in der Pfanne erhitzen und die mehlierten Blunzenstücke von beiden Seiten scharf anbraten, danach direkt auf einen Teller mit Küchenkrepp geben.

In der gleichen Pfanne Zwiebel andünsten, anschließend Knoblauch und Kartoffeln dazugeben und alles 5 Minuten anbraten. Blunzen hinzufügen und weitere 5 Minuten braten. Anschließend die Hitze reduzieren und den grob gehackten Majoran untermischen. Mit Salz und Pfeffer abschmecken.

Sauerrahm mit Zitronensaft vermischen, Kren schälen und eine Reibe bereitlegen.

Zum Befüllen eine Taco Shell in die Hand nehmen. Am Boden etwas Zitronen-Sauerrahm verteilen. Erst Rucola, dann das Blunzen-Gröstl draufgeben und mit frisch geriebenem Kren als Topping servieren.

MATTHIAS KAISER

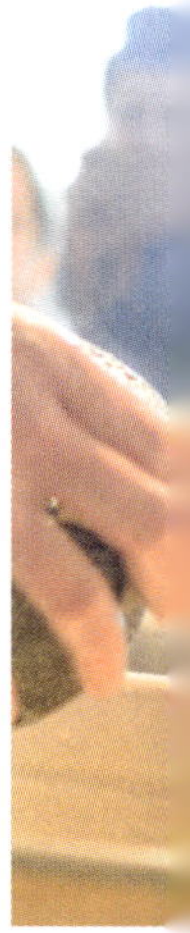

Alltagsgegenstand und Kunstobjekt – Matthias Kaiser verbindet japanische Ästhetik mit steirischer Erde und lässt dabei Produkte entstehen, die man sich leisten will.

Zum ersten Mal sind wir mit den Kreationen von Matthias Kaiser während eines Betonküchen-Events in Wien in Berührung gekommen und seither hat uns die eigenwillige Schönheit seines Geschirrs nicht mehr losgelassen. Klar also, dass er einer der Ersten ist, den wir auf unserer Produzententour besuchen.

Das, was wir vorfinden, als wir sein Haus betreten, entspricht so gar nicht unserer Vorstellung von der Arbeitsstätte eines Keramikers. Es ist aufgeräumt und sauber, kein Spritzer oder Tonrest ist zu sehen. Sein Werkraum: Elemente einer steirischen Bauernstube treffen auf japanische Klarheit – Tonboden zum Barfußgehen inklusive. Am Arbeitstisch: seine Lieblingstasse eines Künstlerkollegen.

» Etwas Einfaches gut zu machen, ist sehr schwierig. «

MATTHIAS KAISER

An zwei fußbetriebenen Töpferscheiben, die den japanischen Vorbildern entsprechen, entstehen Alltags-, aber auch Kunstgegenstände. Der Übergang zwischen den beiden Ausprägungen ist fließend. Im Fluss ist auch der Weg von Matthias Kaiser an die Töpferscheibe: Inspiriert von einem Straßen-Keramikkünstler in New York, beschließt er, sich in Zukunft auf den Ton statt auf die Musik zu konzentrieren. Er besucht die Parsons School of Design in NY, studiert Produktgestaltung mit Schwerpunkt Keramik. Es folgen zwei Lehrjahre bei japanischen Meistern in Seto und Karatsu. Zurück in Österreich findet er seinen eigenen Stil und widmet sich auch der Basis seiner Kunst: dem Ton, den er selbst im Burgenland bzw. in der Steiermark findet, der – wie er selbst sagt – „etwas über die Geologie kommuniziert und auch im Werk noch erkennbar bleibt“.

SEINE PHILOSOPHIE

„Um ein guter Keramikkünstler zu werden, braucht es sowohl Wiederholung als auch Erneuerung. Besonders wichtig sind die Feinheiten, auch wenn sie an den meisten Menschen vorübergehen. Was für andere ein Fehler ist, kann für den Nächsten eine Besonderheit sein, z. B. Einschlüsse von Mineralien, die im Ton vorkommen. Es geht nicht darum, eine runde, perfekte Schale zu machen, es geht darum, dem Stück etwas von sich selbst mitzugeben."

»Unregelmäßigkeit kann auch etwas Positives sein.«

DIE MATCHA-SCHALE

Zentraler Gegenstand seiner Arbeit: die Matcha-Schalen, die extrem wertvoll sein können – wenn sie dem Ideal der unregelmäßigen Harmonie nahekommen. „Die Matcha-Schale verbindet Bescheidenheit und Zurückhaltung mit vertieftem technischen Wissen und ästhetischem Gespür – ein handwerklich-spiritueller Endpunkt."

www.matthiaskaiser.com

GEFLÜGEL

Geflügel aus biologischer Tierhaltung ist besonders aromatisch, zart und feinfaserig und durch den niedrigen Fettgehalt auch ein wichtiger Bestandteil der gesundheitsbewussten Küche.

Miriam Strobach und Gregor Einetter waren auf der Suche nach Fleisch, das gut schmeckt, gut verarbeitet wurde und dessen Herkunft vertrauens- und unterstützungswürdig ist. Das war gar nicht so einfach und daher haben sie sich mit einem Bio-Fleischer und rund 30 Bio-Landwirten zusammengetan und bieten im „Porcella"-Onlineshop verschiedene Fleischraritäten aus Bio-Landwirtschaft für Konsumenten, die hochwertige Produkte schätzen, ökologische Tierhaltung fördern möchten und sich für die Erhaltung seltener Tierrassen einsetzen.

Der Biohof Weber beliefert „Porcella" mit Hühnern, Enten und je nach Saison auch mit Mini-Puten und Gänsen. Die Tiere können hier langsam heranwachsen und im Freien picken, scharren, nach Würmern suchen oder im Schatten rasten. Durch die längere Mastdauer und ausreichend Bewegung wird das Fleisch saftiger und verliert beim Braten weniger Wasser.

»Wir haben für unser Geflügel noch nie Antibiotika gebraucht.«

EINKAUF

Frisches Geflügel erkennt man vor allem am frischen Geruch und an der gleichmäßigen Hautfarbe. Eine Geruchsprobe ist daher auch bei noch intakter Mindesthaltbarkeitsdauer empfehlenswert.

HALTBARKEIT

Die Haltbarkeit von Geflügel ist relativ kurz, daher sollte es auch nur wenige Tage im Kühlschrank und max. drei Monate im Tiefkühlschrank gelagert werden. Um die Saftigkeit des Fleisches zu erhalten, am besten zugedeckt langsam im Kühlschrank auftauen lassen – für ein Huhn ca. 12–14 Stunden einplanen.

KÜCHENHYGIENE

Um eine Salmonellenerkrankung zu vermeiden, sollte rohes Geflügel nicht offen gemeinsam mit anderen Lebensmitteln lagern. Alle bei der Zubereitung verwendeten Werkzeuge und Schneideunterlagen erst nach gründlicher Reinigung wieder für andere Lebensmittel verwenden. Bereits angetautes Geflügel darf nicht wieder eingefroren und muss sofort verarbeitet werden. Generell soll Geflügel komplett durchgegart werden.

BRUST ODER KEULE

Brust: Das helle Fleisch wird ausgelöst als Filet bezeichnet und ist sehr fettarm. Hühnerbrust eignet sich zum kurzen Braten, Grillen oder Panieren.

Keule: Das Fleisch ist etwas dunkler, hat einen höheren Fettgehalt, ist saftig und intensiver im Geschmack. Hühnerkeulen eignen sich hervorragend zum Grillen, Schmoren oder Panieren.

Flügel: Hühnerflügel haben einen hohen Hautanteil und sind daher etwas fetter, aber auch saftig und haben viel Geschmack. Sie sind entweder im Ganzen oder als Ober- bzw. Unterflügel erhältlich und eignen sich sehr gut zum Braten, Grillen oder Panieren.

GEWÜRZE

Bei Geflügel kann man in Sachen Gewürze aus dem Vollen schöpfen – von Curry über Zitronenthymian bis hin zu schwarzem Pfeffer und scharfen Chilis. Auch die Kombination Salbei und Speck passt sehr gut zu Huhn.

www.porcella.at

» Gentechnisch veränderte Futtermittel sind im Bio-Betrieb verboten. «

SALTIMBOCCA-CROSTINIS

Man nehme

für 6 Portionen:

150 g Hühnerbrustfilet
6 Scheiben Baguette
6 Scheiben Frühstücksspeck
6 große Blätter Salbei
1 EL Schmalz
1 Knoblauchzehe
3 EL Olivenöl

Das Filet in 6 etwa gleich große Scheiben schneiden und mit dem Frühstücksspeck umwickeln.

Schmalz in einer beschichteten Pfanne erhitzen und Hühnerbrustscheiben von beiden Seiten bei mittlerer Hitze knusprig braten. Nach dem ersten Umdrehen jeweils ein Salbeiblatt auf das Fleisch geben. Währenddessen das Baguette mit der geschälten Knoblauchzehe einreiben und mit Olivenöl beträufeln. Hühnchen aus der Pfanne nehmen und direkt in dieser das Baguette auf einer Seite etwas anrösten.

Das gebratene Saltimbocca auf das Baguette geben und noch warm genießen.

Tipp

DAS BAGUETTE-REZEPT IST AUF SEITE 28 ZU FINDEN.

CHICKEN WAFFLE SANDWICH

Man nehme

für 4 Stück:

150 g Weizenmehl
100 g Topfen
100 g Ziegenfrischkäse
150 g Hühnerfilet
50 ml lauwarme Milch
50 ml Kokosmilch
4 Scheiben Frühstücksspeck
2 Eier
1 Handvoll rote Trauben
2 Handvoll junger Spinat
3 EL Staubzucker
1 TL gehackter Rosmarin
1 TL gehackter Kerbel
Wasser
Salz, Pfeffer

Für den Waffelteig gesiebtes Mehl mit Staubzucker vermischen. Milch und Eier unterheben und so lange Wasser dazugeben, bis eine homogene, nicht zu flüssige Masse entsteht. Daraus 8 kleine Waffeln backen.

Hühnerfilet in einem Topf mit Wasser und Kokosmilch 25 Minuten lang kochen. Herausnehmen, kurz abkühlen lassen und mit der Gabel grob zerreißen.

Trauben waschen und vierteln.

Topfen, Ziegenfrischkäse, Kräuter, Trauben und Huhn vermischen und mit Salz und Pfeffer würzig abschmecken.

4 Waffelhälften mit etwas Spinat belegen, etwas Huhn-Frischkäse draufgeben und jeweils eine Scheibe kross gebratenen Frühstücksspeck oben drauf. Mit den restlichen Waffeln abdecken und mit einem Spieß fixieren.

FRÜHSTÜCKSROLLEN

Man nehme

für 6 Stück:

6 Stk. quadratisches Reispapier
150 g Hühnerbrustfilet
150 g chinesische Eiernudeln
2 EL Sojasauce
1 Bund frischer Koriander
1 reife Mango
1 reife Avocado
½ Gurke
12 Krabbenchips
Saft von 1 Limette

Eigentlich nennt man die kleinen Reispapierrollen ja Sommerrollen. Da wir sie aber auch im Winter und gerne vormittags zum Brunch essen, nennen wir sie einfach mal Frühstücksrollen.

Vorbereitung ist alles, dann geht es auch ganz schnell!

Hühnerbrust in dünne Streifen schneiden und mit Sojasauce marinieren. In einer beschichteten Pfanne das Huhn langsam von allen Seiten anbraten, bis es durch ist.

Mango und Avocado schälen und in dünne Streifen schneiden. Gurke waschen und in Streifen schneiden. Eiernudeln laut Packungsanweisung in Salzwasser kochen und abgießen.

Eine Schale mit kaltem Wasser bereitstellen. Die Größe sollte so gewählt werden, dass das Reispapier darin gut Platz findet. Vor der Schale auf der Arbeitsfläche ein Geschirrtuch ausbreiten und leicht anfeuchten.

Das erste Blatt Reispapier für ca. 30 Sekunden (nicht länger, sonst wird es zu weich) ins Wasser einlegen, herausnehmen und auf das Geschirrtuch legen. Mit den vorbereiteten Zutaten (gebratenes Huhn, Mango, Avocado, Gurke, Krabbenchips, Eiernudeln) belegen, die Reihenfolge spielt hier keine Rolle, nur sollte man immer nur eine kleine Menge jeder Zutat nehmen, da das Päckchen sonst irgendwann nicht mehr rollbar ist.

Abschließend beträufeln wir alles noch mit ein wenig Limettensaft und geben frischen Koriander darauf.

Bitte darauf achten, dass nur die untere Hälfte der Länge nach belegt ist und auch hier seitlich einen Rand gelassen wird. Die seitlichen Enden ca. 1 cm nach innen klappen, die Füllung festhalten und das untere Reispapierende inklusive Füllung nach oben hin zu einer Rolle eindrehen.

CHICKEN POT PIE

Man nehme

für 2 Portionen (in 250 ml-Formen):

180 g Hühnerbrustfilet
100 g TK-Erbsen
100 ml Milch
4 EL Mehl
2 EL gehackte Petersilie
2 EL gehackter Estragon
2 kleine Schalotten
1 Knoblauchzehe
4 Champignons
⅛ l Weißwein
1 Packung Blätterteig
Salz, Pfeffer

In einer beschichteten Pfanne etwas Sonnenblumenöl erhitzen und das in Würfel geschnittene Huhn anbraten. Anschließend die Zwiebeln und den Knoblauch dazugeben. Kurz andünsten, dann Erbsen, in Scheiben geschnittene Champignons, Petersilie und Estragon dazugeben. Mit Weißwein ablöschen und mit Salz und Pfeffer würzen.

Milch mit Mehl vermengen und unterrühren. Die Masse anschließend in zwei Ofenförmchen verteilen. Aus dem Blätterteig zwei Deckel für die Formen ausschneiden und damit die Förmchen abdecken.

Im vorgeheizten Ofen (200 °C, Ober-/Unterhitze) 25 Minuten backen.

Am besten noch heiß servieren.

CHICKEN BITES

Man nehme

<u>für 1 Ring:</u>

200 g Hühnerfilet
1 Packung Blätterteig
1 Handvoll frischer Koriander
1 kleine Zucchini
2 kleine Schalotten
2 cm Ingwer, fein gehackt
1 TL Garam Masala
1 TL Curcuma
Saft von 1 Limette
Salz, Pfeffer
Joghurt

Huhn sehr fein hacken und in einer Schüssel mit Limettensaft, gehacktem Koriander, fein gewürfelter Zucchini, Ingwer, fein gehackten Schalotten, Garam Masala und Curcuma vermischen. Mit Salz und Pfeffer würzig abschmecken.

Den Blätterteig ausrollen und daraus 2 gleich große Kreise ausstechen. Einen Kreis auf ein mit Backpapier ausgelegtes Blech legen.

Jeweils den Mittelpunkt der Kreise ausstechen (Durchmesser 2–3 cm). Die eine Hälfte des Blätterteigkreises (auf dem Backblech) um das innere Loch herum mit der Masse belegen, den zweiten Kreis draufsetzten und den äußeren und inneren Rand mit den Fingern gut festdrücken.

Nun den Kreis in 2 cm breite Streifen anschneiden, jedoch nicht bis zur Mitte durchschneiden.

Die Stücke um 90 Grad drehen, sodass eine Blume entsteht. Ei verquirlen und die Blätterteigblume damit bestreichen.

Im vorgeheizten Ofen (200 °C, Ober-/Unterhitze) 30 Minuten backen und mit Joghurt servieren.

FISCH

Die Beliebtheit von Fisch steigt und dennoch trauen sich viele Hobbyköche nicht über die Fischklassiker hinaus. Wir wollen das ändern!

Unser Fischexperte der Wahl ist Marc Mössmer, den wir an seinem Teich im Waldviertel treffen. Dort hat vor 23 Jahren alles begonnen. Der gelernte Fischwirtschaftsmeister und studierte Diplomingenieur, dessen Herz immer schon für Bio geschlagen hat, ist Gründer von Biofisch und hat Richtlinien für biologischen Fisch erarbeitet, die in ganz Europa gelten. Wir haben ihm viele neugierige Fragen zum Thema Fisch gestellt.

WAS HEISST EIGENTLICH „BIO“ BEI FISCH?

Es wird ökologische Landwirtschaft betrieben. Durch diese nachhaltige Wirtschaftsweise bleiben die Teiche inklusive der umliegenden Uferlandschaft dauerhaft als intaktes Ökosystem erhalten. Die Fische sind z. B. nicht steril und dürfen sich vermehren, Futtermittelzusätze entstammen der Positivliste (bei Marc wird regionales Biomehl verwendet). Die sogenannten Besatzdichten (Menge der Tiere pro Quadratmeter) sind tiergerecht, Gentechnik und Einsatz von Chemie sind tabu.

WANN IST FISCH FRISCH UND WIE LANGE HÄLT ER?

Frischer Fisch ist an seinen klaren Augen, den rötlichen Kiemen und der leuchtenden Schleimhaut erkennbar. Sein Fleisch ist fest und elastisch – drückt man es mit dem Finger ein, so verschwindet die Druckstelle schnell wieder. Er riecht neutral – riecht er nach Fisch, ist dies kein gutes Zeichen. Bis zu 24 Stunden nach der Schlachtung wird Fisch als „lebend-frisch“ bezeichnet. Die Haltbarkeit liegt bei richtiger Lagerung bei ca. einer Woche.

WIE LAGERT MAN FISCH RICHTIG?

Fisch ist eine leicht verderbliche Ware. Eine Vakuumverpackung kann den Verderb verzögern und die Haltbarkeit verlängern. Die optimale Lagertemperatur für Fisch beträgt 0 bis 2 °C. Will man den Fisch länger als fünf Tage aufbewahren, sollte man ihn schockgefrieren und bei Bedarf wieder auftauen. Öffnet man die Kühlschranktür sehr oft, sollte man den Fisch im Gemüsefach ganz unten lagern – hier ist die Temperaturschwankung am geringsten.

FISCH AUSNEHMEN

Es ist wichtig, dass man die Bauchlappen mit dem Messer nicht zu tief aufschneidet – dabei besteht die Gefahr, die Gallenblase zu verletzen und so den Fisch durch Austritt der Gallenflüssigkeit ungenießbar zu machen. Außerdem sollte man möglichst weit vorne in die Kiemen einschneiden, damit man alle Innereien ausnehmen kann. Bei Raubfischen ist das besonders wichtig, da sie einen starken Schlund haben. Mit dem hinteren Ende eines Löffels kann man die Niere herauskratzen und dann das Fleisch waschen.

» Jeder Fisch hat mindestens 20 m² Lebensraum zur Verfügung. «

WELCHE SEITE WIRD ZUERST ANGEBRATEN?

Als Erstes wird die Hautseite knusprig angebraten, dann – ganz kurz – die Fleischseite. Wenn man die Haut gerne noch knuspriger möchte, dann empfiehlt Marc, sie leicht zu mehlieren. Der Fisch klebt übrigens so auch nicht so leicht an der Pfanne an.

www.biofisch.at

SELBER BEIZEN

MIT GIN

Man nehme

für 1 Filet (à 300 g):

300 g Saiblingsfilet mit Haut
50 g Zucker
25 g Salz
2 EL Gin
2 Handvoll frischer Dill

Was wir schon immer machen wollten: Fisch mit Gin beizen. Es steht schon so lange auf unserer Liste und nun ist es endlich so weit. Ein wenig vorplanen muss man, denn es dauert 24 Stunden, bis man sein Ergebnis verkosten kann!

Das Beizen an sich geht relativ schnell. Hierfür das frische Saiblingsfilet soweit es geht entgräten und mit einem Küchenpapier abtupfen. Die Haut lassen wir noch dran und nehmen sie erst vom fertig gebeizten Fisch runter. Das Filet auf eine große Platte legen und gleichmäßig mit Gin einreiben. Zucker und Salz vermengen und das Filet damit großzügig bedecken. Die Hälfte des Dills klein hacken und draufgeben. Mit Frischhaltefolie abdecken und für 24 Stunden in den Kühlschrank geben.

Am nächsten Tag – nach den besagten 24 Stunden – das Filet unter Wasser abspülen. Mit einem sehr scharfen Messer die Haut entfernen und den Fisch wieder auf eine große Platte geben. Den restlichen Dill fein hacken und drüberstreuen.

Tipp

AUF DER NÄCHSTEN SEITE GIBT ES DAS PASSENDE FRÜHSTÜCKSREZEPT DAZU.

RÖSTI MIT BACHSAIBLING

Man nehme

für 10 Stück:

100 ml Sauerrahm
5 große Kartoffeln
2 Eier
1 Zitrone
Salz, Pfeffer
Sonnenblumenöl

Der Fisch ist fertig, hat eine Nacht geruht und darf nun auf kleinen Rösti Platz nehmen!

Die rohen Kartoffeln waschen, schälen und in Stifte reiben. Mit Eiern, Salz und Pfeffer vermengen. In einer beschichteten Pfanne etwas Öl erhitzen und kleine Kartoffelkleckse in die Pfanne geben, flach drücken und von beiden Seiten knusprig anbraten.

Aus der Pfanne auf einen mit Küchenpapier belegten Teller geben, kurz auskühlen lassen und dann mit Sauerrahm und einer Scheibe selbst gebeiztem Fisch belegen. Etwas Zitronensaft darauf und gleich genießen.

SMØRREBRØD

Definition: Ein reich belegtes Butterbrot ist traditionelles Essen der dänischen Küche. Na dann schauen wir mal, wie wir diesen Klassiker auf den Frühstückstisch holen könnten:

Man nehme

für je 2 Stück:

Karpfen – Ei:

2 Scheiben Knäckebrot
2 pochierte Eier
4 Scheiben geräucherter Karpfen
6 Stück gegrillte Paprika (aus dem Glas)
Sprossen
Salz, Pfeffer
Butter

Das Knäckebrot mit Butter einstreichen. Paprika und jeweils 2 Scheiben geräucherten Karpfen drauflegen und mit einem pochierten Ei und einigen Sprossen garnieren.

Saibling – Erdbeeren:

40 g geräucherter Saibling
2 EL Ziegenfrischkäse
2 Scheiben Knäckebrot
2 Erdbeeren
Balsamico-Creme
Kresse
Salz, Pfeffer

Das Knäckebrot mit Frischkäse einstreichen. Etwas Saibling draufgeben, dann eine in Scheiben geschnittene Erdbeere. Mit etwas Balsamico-Creme, Salz und Pfeffer abschmecken und mit frischer Kresse garnieren.

Lachs – Avocado:

40 g geräucherter Lachs
20 ml Schlagobers
2 EL Frischkäse
2 EL Dijonsenf
1 El gehackter Dill
2 Radieschen
1 reife Avocado

Das Knäckebrot mit Frischkäse einstreichen. Einige Scheiben Avocado und etwas geräucherten Lachs draufgeben. Aus Senf, Dill und Schlagobers eine Creme rühren und über den Lachs geben. Mit einigen Scheiben Radieschen garnieren.

FISCH-STICKS

Wir verwenden ausschließlich frischen Fisch in bester Qualität, deswegen essen wir diesen auch sehr gerne roh oder halb roh. Wie zum Beispiel in Form unserer nur sehr kurz angebratenen Karpfen-Sticks.

Man nehme

für 4 Stück:

1 Stück Karpfenfilet
1 Bio-Zitrone
3 EL Dijonsenf
2 El gehackter Dill
30 ml Schlagobers
Fleur de Sel
Pfeffer

Das Karpfenfilet in längliche Stücke schneiden, dabei darauf achten, dass alle Gräten entfernt sind.

Zitrone waschen und in sehr dünne Scheiben schneiden. Das Filet und die Zitronenscheiben abwechselnd auf einen Spieß aufwickeln. Butter in einer Pfanne erhitzen und die Sticks für zwei Minuten kurz von beiden Seiten angrillen.

Serviert werden die Sticks mit einer Sauce aus Senf, Dill und Schlagobers, welche mit etwas Fleur de Sel über die Sticks gegeben wird.

Tipp

FÜR DIE STICKS KANN NATÜRLICH JEDER FISCH VERWENDET WERDEN, HAUPTSACHE SEHR FRISCHE QUALITÄT.

KARPFEN-TERRINE

Man nehme

für 4 Stück:

200 g Karpfenfilet, roh
150 g geräucherter Karpfen
200 ml Crème Fraîche
100 g Frischkäse
2 EL Olivenöl
3 EL gehackter Dill
2 EL frisch gehackter Liebstöckel
2 Radieschen
1 Bio-Zitrone
3 Blatt Gelatine
Sprossen
Salz, Pfeffer

Das rohe Karpfenfilet auf ein großes Stück Pergamentpapier setzen, Olivenöl und etwas Salz drübergeben und wie ein kleines Päckchen verschließen. Das Paket auf ein Bachblech legen und im vorgeheizten Backofen (160 °C, Ober-/Unterhitze) 20 Minuten backen.

Währenddessen Crème Fraîche mit gehacktem Dill, gehacktem Liebstöckel und Frischkäse vermengen. Zitrone waschen und die Zeste abreiben. Mit dem Saft der Zitrone unter die Frischkäsemasse mischen. Radieschen waschen, fein würfeln und ebenfalls dazugeben.

Das geräucherte Karpfenfilet klein zerreißen und unter die Masse mischen.

Den Karpfen aus dem Ofen nehmen und ebenfalls in kleinen Stücken unter die Masse mischen.

Die Gelatineblätter in etwas lauwarmem Wasser einweichen und ebenfalls dazumengen.

Mit Salz und Pfeffer abschmecken.

Kleine Förmchen mit Frischhaltefolie auskleiden, die Terrinenmasse hineinfüllen und mindestens 3 Stunden kalt stellen.

Zum Servieren die Terrinen stürzen und mit frischen Sprossen garnieren.

SAIBLINGSCARPACCIO

Man nehme

für 2 Portionen:

150 g Saiblingsfilet, frisch und roh
2 EL Olivenöl
2 EL weißer Balsamico-Essig
6 TL Ziegenfrischkäse
2 Scheiben reife Mango
2 Radieschen
1 Handvoll gemischte Sprossen
Saft von 1 Zitrone
Salz, Pfeffer

Das rohe Fischfilet mit einem sehr scharfen Messer hauchdünn aufschneiden und auf zwei Teller legen. Mit Olivenöl und Zitronensaft beträufeln. Aus dem Frischkäse mit zwei Teelöffeln kleine Nocken formen und dazugeben. Etwas gewürfelte Mango und in Scheiben geschnittene Radieschen dazugeben und mit Sprossen garnieren. Salz, Pfeffer und Balsamico-Essig drübergeben, 5 Minuten stehen und marinieren lassen und direkt genießen.

Tipp

SCHMECKT AUCH SEHR GUT MIT ROHEM LACHS!

CEVICHE

Da wir den Fisch für einige Zeit mit dem Limettensaft und dem Olivenöl marinieren wollen, starten wir damit. Wir haben uns für zwei frische ganze Seesaiblinge entschieden, die es erst einmal gilt, zu filetieren. Da wir den Fisch jedoch (fast) roh essen, bitte darauf achten, dass er wirklich richtig frisch ist.

Man nehme

für 2 Portionen:

250 g frischer Seesaibling, roh
2 (Blut-)Orangen
1 reife Avocado
2 Frühlingszwiebeln
1 Handvoll Thai-Basilikum
1 Handvoll Koriander
3 EL Olivenöl
1 TL Sesamkörner
Saft von 3 Limetten
Salz, Pfeffer

Die Filets in ca. 1 x 1 cm große Würfel schneiden und mit Limettensaft, Olivenöl und etwas Salz vermischen. Zugedeckt mindestens 30 Minuten marinieren lassen.

In der Zwischenzeit die Avocado schälen und in kleine Stücke schneiden. Frühlingszwiebeln waschen und in Ringe schneiden und auch die Kräuter fein hacken. (Blut-)Orangen von ihrer Schale befreien und in die einzelnen Orangenfilets zerlegen. Nun alles zusammen in eine Schüssel geben, den marinierten Fisch unterheben und mit Limettensaft, Salz und Pfeffer abschmecken.

Mit einigen Sesamkörnern bestreuen und mit frischem Brot servieren.

On Tour

REGISTER

DANKSAGUNG

Wir haben viel gesehen und gelernt auf der Reise zu unseren Produzenten. Sie haben uns Einblicke in tägliche Herausforderungen und Entstehungsprozesse gewährt und uns ihre großartigen Produkte verkosten lassen. Wir sind in der Backstube gestanden und haben Mangalitzaschweine gestreichelt, haben den Büffeln ins Auge geblickt und wahre Naturschönheit entdeckt. Ohne ihre Bereitschaft, Wissen mit uns zu teilen, wäre die Umsetzung dieses Buches nicht möglich gewesen, und darum sprechen wir an dieser Stelle noch einmal ein großes DANKE an sie alle aus:

ALLRAM (GETREIDE): WWW.ALLRAMDAHAM.AT

ADAMAH BIOHOF (GEMÜSE): WWW.ADAMAH.AT

BIOHOF NR. 5 (EIER): WEIN.NUMMER5.AT

BIOFISCH (FISCH): WWW.BIOFISCH.AT

BIOSAIN (OBST): WWW.BIOSAIN.AT

BROTFINESSEN (BROT): WWW.BROTFINESSEN.AT

COFFEE PIRATES (KAFFEE): WWW.KAFFEEPIRATEN.AT

JA! NATÜRLICH (MILCH): WWW.JANATUERLICH.AT

ROBERT PAGET (KÄSE): WWW.BUFALA-CONNECTION.AT

PORCELLA (HUHN): WWW.PORCELLA.AT

SCHWARZBERGER HOF (FLEISCH):
WWW.SCHWARZBERGERHOF.AT

SÜSSMUND (KAFFEE): WWW.SUESSMUND.AT

TEESALON (TEE): WWW.TEESALON.AT

Abgesehen von den Produzentenbesuchen hatten wir auch viel Spaß bei den Rezept-Shootings. Vielen Dank an alle, die uns im Produktions-, Koch- und Foodstyling-Prozess unterstützt haben:

MATTHIAS KAISER: WWW.MATTHIASKAISER.COM

KOTÁNYI: WWW.KOTÁNYI.AT

RIESS: WWW.RIESS.AT

TANTE FANNY: WWW.TANTEFANNY.AT

DIE PFEFFEREI: WWW.DIEPFEFFEREI.AT

Und last but not least: ein Hoch auf Arnold Pöschl für das wunderbare Autorenfoto:

WWW.ARNOLDPOESCHL.COM

DANKE
EUCH!

IMPRESSUM

Wien · Graz · Klagenfurt
www.styriabooks.at

Visuelle Gesamtkonzeption, Satz und Layout:

Benedikt Steinle / Kitchen Konsulting // www.kitchenkonsulting.at

Bildnachweis: Alle Bilder ©2016 Benedikt Steinle, außer auf den Seiten 4–5 (Arnold Pöschl) sowie 106–107 (ZAGLER BIO GmbH)

Lektorat: Johannes Sachslehner

Reproduktion: Pixelstorm, Wien

Druck: Neografia, SK

Printed in Europe

ISBN 978-3-85431-733-3

7 6 5 4 3 2 1

die frühstückerinnen
wir halten dem ei den spiegel vor

WWW.DIEFRUEHSTUECKERINNEN.AT

BECAUSE YOU ARE HUNGRY

WWW.YOUAREHUNGRY.COM